Sigmund Freud

Das Unbehagen in der Kultur
Warum Krieg?

Sigmund Freud

Das Unbehagen in der Kultur

Warum Krieg?

marixverlag

Bibliografische Information der Deutschen Nationalbibliothek
Die Deutsche Nationalbibliothek verzeichnet diese Publikation in der Deutschen Nationalbibliografie; detaillierte bibliografische Daten sind im Internet über
http://dnb.d-nb.de abrufbar.

Neu gesetzte Ausgabe für
marixverlag GmbH, Wiesbaden 2010
Der Text wurde behutsam revidiert nach Ausgabe
Internationaler Psychoanalytischer Verlag, Wien 1930
Covergestaltung: Nicole Ehlers, marixverlag GmbH
Bildnachweis: akg-images GmbH, Berlin
Lektorat: Dr. Bruno Kern, Mainz
Satz und Bearbeitung: Medienservice Feiß, Burgwitz
Der Text wurde in der Palatino gesetzt
Gesamtherstellung: GGP Media GmbH, Pößneck
Printed in Germany

ISBN: 978-3-86539-229-9

www.marixverlag.de

Inhalt

Das Unbehagen in der Kultur

I

Man kann sich des Eindrucks nicht erwehren, dass die Menschen gemeinhin mit falschen Maßstäben messen, Macht, Erfolg und Reichtum für sich anstreben und bei anderen bewundern, die wahren Werte des Lebens aber unterschätzen. Und doch ist man bei jedem solchen allgemeinen Urteil in Gefahr, die Buntheit der Menschenwelt und ihres seelischen Lebens zu vergessen. Es gibt einzelne Männer, denen sich die Verehrung ihrer Zeitgenossen nicht versagt, obwohl ihre Größe auf Eigenschaften und Leistungen ruht, die den Zielen und Idealen der Menge durchaus fremd sind. Man wird leicht annehmen wollen, dass es doch nur eine Minderzahl ist, welche diese großen Männer anerkennt, während die große Mehrheit nichts von ihnen wissen will. Aber es dürfte nicht so einfach zugehen, dank den Unstimmigkeiten zwischen dem Denken und dem Handeln der Menschen und der Vielstimmigkeit ihrer Wunschregungen.

Einer dieser ausgezeichneten Männer nennt sich in Briefen meinen Freund. Ich hatte ihm meine kleine Schrift zugeschickt, welche die Religion als Illusion behandelt, und er antwortete, er wäre mit meinem Urteil über die Religion ganz einverstanden, bedauerte aber, dass ich die eigentliche Quelle der Religiosität nicht gewürdigt hätte. Diese sei ein besonderes Gefühl, das ihn selbst nie zu verlassen pflege, das er von vielen anderen bestätigt gefunden und bei Millionen Menschen voraussetzen dürfe. Ein Gefühl, das er die Empfindung der „Ewigkeit“ nennen möchte, ein Gefühl wie von etwas Unbegrenztem, Schrankenlosem, gleichsam „Ozeanischem“. Dies Gefühl sei eine rein subjektive Tatsache, kein Glaubenssatz; keine Zusicherung persönlicher Fortdauer knüpfe sich daran, aber es sei die Quelle der religiösen Energie, die von den verschiedenen Kirchen und Religionssystemen gefasst, in bestimmte Kanäle geleitet und gewiss auch aufgezehrt werde. Nur aufgrund dieses ozeanischen Gefühls dürfe man sich religiös heißen, auch wenn man jeden Glauben und jede Illusion ablehne.

Diese Äußerung meines verehrten Freundes, der selbst einmal den Zauber der Illusion poetisch gewürdigt hat, brachte mir nicht geringe Schwierigkeiten. Ich selbst kann dies „ozeanische" Gefühl nicht in mir entdecken. Es ist nicht bequem, Gefühle wissenschaftlich zu bearbeiten. Man kann versuchen, ihre physiologischen Anzeichen zu beschreiben. Wo dies nicht angeht, – ich fürchte, auch das ozeanische Gefühl wird sich einer solchen Charakteristik entziehen – bleibt doch nichts übrig, als sich an den Vorstellungsinhalt zu halten, der sich assoziativ am ehesten zum Gefühl gesellt. Habe ich meinen Freund richtig verstanden, so meint er dasselbe, was ein origineller und ziemlich absonderlicher Dichter seinem Helden als Trost vor dem frei gewählten Tod mitgibt: „Aus dieser Welt können wir nicht fallen."[1] Also ein Gefühl der unauflösbaren Verbundenheit, der Zusammengehörigkeit mit dem Ganzen der Außenwelt. Ich möchte sagen, für mich hat dies eher den Charakter einer intellektuellen Einsicht, gewiss nicht ohne begleitenden Gefühlston, wie er aber auch bei anderen Denkakten von ähnlicher Tragweite nicht fehlen wird. An meiner Person könnte ich mich von der primären Natur eines solchen Gefühls nicht überzeugen. Darum darf ich aber sein tatsächliches Vorkommen bei anderen nicht bestreiten. Es fragt sich

1 D. Chr. Grabbe: Hannibal: „Ja, aus der Welt werden wir nicht fallen. Wir sind einmal darin."

nur, ob es richtig gedeutet wird und ob es als *„fons et origo"* aller religiösen Bedürfnisse anerkannt werden soll.

Ich habe nichts vorzubringen, was die Lösung dieses Problems entscheidend beeinflussen würde. Die Idee, dass der Mensch durch ein unmittelbares, von Anfang an hierauf gerichtetes Gefühl Kunde von seinem Zusammenhang mit der Umwelt erhalten sollte, klingt so fremdartig, fügt sich so übel in das Gewebe unserer Psychologie, dass eine psychoanalytische, d. i. genetische Ableitung eines solchen Gefühls versucht werden darf. Dann stellt sich uns folgender Gedankengang zur Verfügung: Normalerweise ist uns nichts gesicherter als das Gefühl unseres Selbst, unseres eigenen Ichs. Dies Ich erscheint uns selbstständig, einheitlich, gegen alles andere gut abgesetzt. Dass dieser Anschein ein Trug ist, dass das Ich sich vielmehr nach innen ohne scharfe Grenze in ein unbewusst seelisches Wesen fortsetzt, das wir als Es bezeichnen, dem es gleichsam als Fassade dient, das hat uns erst die psychoanalytische Forschung gelehrt, die uns noch viele Auskünfte über das Verhältnis des Ichs zum Es schuldet. Aber nach außen wenigstens scheint das Ich klare und scharfe Grenzlinien zu behaupten. Nur in einem Zustand, einem außergewöhnlichen zwar, den man aber nicht als krankhaft verurteilen kann, wird es anders. Auf der Höhe der Verliebtheit droht die Grenze zwischen Ich und Objekt zu verschwimmen. Allen Zeugnissen der Sinne entgegen behauptet der Verliebte, dass Ich und Du Eines seien, und ist bereit, sich, als ob es so wäre, zu benehmen. Was vorübergehend durch eine physiologische Funktion aufgehoben werden kann, muss natürlich auch durch krankhafte Vorgänge gestört werden können. Die Pathologie lehrt uns eine große Anzahl von Zuständen kennen, in denen die Abgrenzung des

Ichs gegen die Außenwelt unsicher wird oder die Grenzen wirklich unrichtig gezogen werden; Fälle, in denen uns Teile des eigenen Körpers, ja, Stücke des eigenen Seelenlebens, Wahrnehmungen, Gedanken, Gefühle wie fremd und dem Ich nicht zugehörig erscheinen, andere, in denen man der Außenwelt zuschiebt, was offenbar im Ich entstanden ist und von ihm anerkannt werden sollte. Also ist auch das Ichgefühl Störungen unterworfen, und die Ichgrenzen sind nicht beständig.

Eine weitere Überlegung sagt: Dies Ichgefühl des Erwachsenen kann nicht von Anfang an so gewesen sein. Es muss eine Entwicklung durchgemacht haben, die sich begreiflicherweise nicht nachweisen, aber mit ziemlicher Wahrscheinlichkeit konstruieren lässt.[2] Der Säugling sondert noch nicht sein Ich von einer Außenwelt als Quelle der auf ihn einströmenden Empfindungen. Er lernt es allmählich auf verschiedene Anregungen hin. Es muss ihm den stärksten Eindruck machen, dass manche der Erregungsquellen, in denen er später seine Körperorgane erkennen wird, ihm jederzeit Empfindungen zusenden können, während andere sich ihm zeitweise entziehen – darunter das Begehrteste: die Mutterbrust – und erst durch ein Hilfe heischendes Schreien herbeigeholt werden. Damit stellt sich dem Lust-Ich und Real-Ich zuerst ein „Objekt" entgegen, als etwas, was sich „außerhalb" befindet und erst durch eine besondere Aktion in die Erscheinung gedrängt wird. Einen weiteren Antrieb zur Loslösung des Ichs von der Empfindungsmasse, also zur Anerkennung eines „Draußen", einer Außenwelt, geben die häufigen, vielfältigen, unvermeidlichen

---

2 S. die zahlreichen Arbeiten über Ichentwicklung und Ichgefühl von Ferenczi, Entwicklungsstufen des Wirklichkeitssinnes (1913), bis zu den Beiträgen von P. Federn 1926, 27 und später.

Schmerz- und Unlustempfindungen, die das unumschränkt herrschende Lustprinzip aufheben und vermeiden heißt. Es entsteht die Tendenz, alles, was Quelle solcher Unlust werden kann, vom Ich abzusondern, es nach außen zu werfen, ein reines Lust-Ich zu bilden, dem ein fremdes, drohendes Draußen gegenübersteht. Die Grenzen dieses primitiven Lust-Ichs können der Berichtigung durch die Erfahrung nicht entgehen. Manches, was man als lustspendend nicht aufgeben möchte, ist doch nicht Ich, ist Objekt, und manche Qual, die man hinausweisen will, erweist sich doch als unabtrennbar vom Ich, als innerer Herkunft. Man lernt ein Verfahren kennen, wie man durch absichtliche Lenkung der Sinnestätigkeit und geeignete Muskelaktion Innerliches – dem Ich Angehöriges – und Äußerliches – einer Außenwelt Entstammendes – unterscheiden kann, und tut damit den ersten Schritt zur Einsetzung des Realitätsprinzips, das die weitere Entwicklung beherrschen soll. Diese Unterscheidung dient natürlich der praktischen Absicht, sich der verspürten und der drohenden Unlustempfindungen zu erwehren. Dass das Ich zur Abwehr gewisser Unlusterregungen aus seinem Inneren keine anderen Methoden zur Anwendung bringt, als deren es sich gegen Unlust von außen bedient, wird dann der Ausgangspunkt bedeutsamer krankhafter Störungen. Auf solche Art löst sich also das Ich von der Außenwelt. Richtiger gesagt: Ursprünglich enthält das Ich alles, später scheidet es eine Außenwelt von sich ab. Unser heutiges Ichgefühl ist also nur ein eingeschrumpfter Rest eines weit umfassenderen, ja – eines allumfassenden Gefühls, welches einer innigeren Verbundenheit des Ichs mit der Umwelt entsprach. Wenn wir annehmen dürfen, dass dieses primäre Ichgefühl sich im Seelenleben vieler Menschen – in größerem oder geringerem Ausmaße – erhalten hat, so würde es sich dem enger und schärfer umgrenzten Ichgefühl der Reifezeit wie eine Art Gegenstück an die Seite stellen, und die zu ihm passenden Vorstellungsinhalte wären gerade die der Unbegrenztheit und der Verbundenheit mit dem All, dieselben, mit denen mein Freund das „ozeanische" Gefühl erläutert. Haben wir aber ein Recht zur Annahme des Überlebens des Ursprünglichen neben dem Späteren, das aus ihm geworden ist?

Unzweifelhaft; ein solches Vorkommnis ist weder auf seelischem, noch auf anderen Gebieten befremdend. Für die Tierreihe halten wir an der Annahme fest, dass die höchstentwickelten Arten aus den niedrigsten hervorgegangen sind. Doch finden wir alle einfachen Lebensformen noch heute unter den Lebenden. Das Geschlecht der großen Saurier ist ausgestorben und hat den Säugetieren Platz gemacht, aber ein richtiger Vertreter dieses Geschlechts, das Krokodil, lebt noch mit uns. Die Analogie mag zu entlegen sein, krankt auch an dem Umstand, dass die überlebenden niedrigen Arten zumeist nicht die richtigen Ahnen der heutigen, höher entwickelten sind. Die Zwischenglieder sind in der Regel ausgestorben und nur durch Rekonstruktion bekannt. Auf seelischem Gebiet hingegen ist die Erhaltung des Primitiven neben dem daraus entstandenen Umgewandelten so häufig, dass es sich erübrigt, es durch Beispiele zu beweisen. Meist ist dieses Vorkommen Folge einer Entwicklungsspaltung. Ein quantitativer Anteil einer Einstellung, einer Triebregung, ist unverändert erhalten geblieben, ein anderer hat die weitere Entwicklung erfahren.

Wir rühren hiermit an das allgemeinere Problem der Erhaltung im Psychischen, das kaum noch Bearbeitung gefunden hat, aber so reizvoll und bedeutsam ist, dass wir ihm auch bei unzureichendem Anlass eine Weile Aufmerksamkeit schenken dürfen. Seitdem wir den Irrtum überwunden haben, dass das uns geläufige Vergessen eine Zerstörung der Gedächtnisspur, also eine Vernichtung bedeutet, neigen wir zu der entgegengesetzten Annahme, dass im Seelenleben nichts, was einmal gebildet wurde, untergehen kann, dass alles irgendwie erhalten bleibt und unter geeigneten Umständen, z. B. durch eine so weit reichende Regression, wieder zum Vorschein gebracht werden kann. Man versuche sich durch einen Vergleich aus einem anderen Gebiet klar zu machen, was diese Annahme zum Inhalt hat. Wir greifen etwa die Entwicklung der Ewigen Stadt als Beispiel auf.[3] Historiker belehren uns, das älteste Rom war die Roma quadrata, eine umzäunte Ansiedlung auf dem Palatin. Dann folgte die Phase des Septimontium, eine Vereinigung der Niederlassungen auf den einzelnen Hügeln, darauf die Stadt, die durch die Servianische Mauer begrenzt wurde, und noch später, nach all den Umwandlungen der republikanischen und der frühen Kaiserzeit, die Stadt, die Kaiser Aurelianus durch seine Mauern umschloss. Wir wollen die Wandlungen der Stadt nicht weiter verfolgen und uns fragen, was ein Besucher, den wir mit den vollkommensten historischen und topographischen Kenntnissen ausgestattet denken, im heutigen Rom von diesen frühen Stadien noch vorfinden mag. Die aurelianische Mauer wird er bis auf wenige Durchbrüche fast unverändert sehen. An einzelnen Stellen kann er Strecken des Servianischen Walles durch Ausgrabung zu Tage gefördert finden. Wenn er genug weiß – mehr als die heutige

3 Nach The Cambridge Ancient History, T. VII. 1928. „The founding of Rome" by Hugh Last.

Archäologie –, kann er vielleicht den ganzen Verlauf dieser Mauer und den Umriss der Roma quadrata ins Stadtbild einzeichnen. Von den Gebäuden, die einst diese alten Rahmen ausgefüllt haben, findet er nichts oder geringe Reste, denn sie bestehen nicht mehr. Das Äußerste, was ihm die beste Kenntnis des Roms der Republik leisten kann, wäre, dass er die Stellen anzugeben weiß, wo die Tempel und öffentlichen Gebäude dieser Zeit gestanden hatten. Was jetzt diese Stellen einnimmt, sind Ruinen, aber nicht ihrer selbst, sondern ihrer Erneuerungen aus späteren Zeiten nach Bränden und Zerstörungen. Es bedarf kaum noch einer besonderen Erwähnung, dass alle diese Überreste des alten Roms als Einsprengungen in das Gewirre einer Großstadt aus den letzten Jahrhunderten seit der Renaissance erscheinen. Manches Alte ist gewiss noch im Boden der Stadt oder unter ihren modernen Bauwerken begraben. Dies ist die Art der Erhaltung des Vergangenen, die uns an historischen Städten wie Rom entgegentritt.

Nun machen wir die phantastische Annahme, Rom sei nicht eine menschliche Wohnstätte, sondern ein psychisches Wesen von ähnlich langer und reichhaltiger Vergangenheit. In dem also nichts, was einmal zustande gekommen war, untergegangen ist, in dem neben der letzten Entwicklungsphase auch alle früheren noch fortbestehen. Das würde für Rom also bedeuten, dass auf dem Palatin die Kaiserpaläste und das Septizonium des Septimius Severus sich noch zur alten Höhe erheben, dass die Engelsburg noch auf ihren Zinnen die schönen Statuen trägt, mit denen sie bis zur Gotenbelagerung geschmückt war, usw. Aber noch mehr: An der Stelle des Palazzo Caffarelli stünde wieder, ohne dass man dieses Gebäude abzutragen brauchte, der Tempel des Kapitolinischen Jupiter, und zwar dieser nicht nur in seiner letzten Gestalt, wie ihn die Römer der Kaiserzeit sahen, sondern auch in seiner frühesten, als er noch etruskische Formen zeigte und mit tönernen Antifixen geziert war. Wo jetzt das Coliseo steht, könnten wir auch die verschwundene Domus aurea des Nero bewundern, auf dem Pantheonplatze fänden wir nicht nur das heutige Pantheon, wie es uns von Hadrian hinterlassen wurde, sondern auf demselben Grund auch den ursprünglichen Bau des M. Agrippa, ja, derselbe Boden trüge die Kirche Maria sopra Minerva und den alten Tempel, über dem sie gebaut ist. Und dabei brauchte es vielleicht nur eine Änderung der Blickrichtung oder des Standpunktes vonseiten des Beobachters, um den einen oder den anderen Anblick hervorzurufen.

Es hat offenbar keinen Sinn, diese Phantasie weiter auszuspinnen, sie führt zu Unvorstellbarem, ja, zu Absurdem. Wenn wir das historische Nacheinander räumlich darstellen wollen, kann es nur durch ein Nebeneinander im Raum geschehen; derselbe Raum verträgt nicht zweierlei Ausfüllung. Unser Versuch scheint eine müßige Spielerei zu sein; er hat nur eine Rechtfertigung: Er zeigt uns, wie weit wir davon entfernt sind, die Eigentümlichkeiten des seelischen Lebens durch anschauliche Darstellung zu bewältigen.

Zu einem Einwand sollten wir noch Stellung nehmen. Er fragt uns, warum wir gerade die Vergangenheit einer Stadt ausgewählt haben, um sie mit der seelischen Vergangenheit zu vergleichen. Die Annahme der Erhaltung alles Vergangenen gilt auch für das Seelenleben nur unter der Bedingung, dass das Organ der Psyche intakt geblieben ist, dass sein Gewebe nicht durch Trauma oder Entzündung gelitten hat. Zerstörende Einwirkungen, die man diesen Krankheitsursachen gleichstellen könnte, werden aber in der Geschichte keiner Stadt vermisst, auch wenn sie eine minder bewegte Vergangenheit gehabt hat als Rom, auch wenn sie, wie London, kaum je von einem Feind heimgesucht wurde. Die friedlichste Entwicklung einer Stadt schließt Demolierungen und Ersetzungen von Bauwerken ein, und darum ist die Stadt von vornherein für einen solchen Vergleich mit einem seelischen Organismus ungeeignet.

Wir weichen diesem Einwand, wenden uns unter Verzicht auf eine eindrucksvolle Kontrastwirkung zu einem immerhin verwandteren Vergleichsobjekt, wie es der tierische oder menschliche Leib ist. Aber auch hier finden wir das Nämliche. Die früheren Phasen der Entwicklung sind in keinem Sinn mehr erhalten, sie sind in den späteren, zu denen sie den Stoff geliefert haben, aufgegangen. Der Embryo lässt sich im Erwachsenen nicht nachweisen, die Thymusdrüse, die das Kind besaß, ist nach der Pubertät durch Bindegewebe ersetzt, aber selbst nicht mehr vorhanden; in den Röhrenknochen des reifen Mannes kann ich zwar den Umriss des kindlichen Knochens einzeichnen, aber dieser selbst ist vergangen, indem er sich streckte und verdickte, bis er seine endgültige Form erhielt. Es bleibt dabei, dass eine solche Erhaltung aller Vorstufen neben der Endgestaltung nur im Seelischen möglich ist, und dass wir nicht in der Lage sind, uns dies Vorkommen anschaulich zu machen.

Vielleicht gehen wir in dieser Annahme zu weit. Vielleicht sollten wir uns zu behaupten begnügen, dass das Vergangene im Seelenleben erhalten bleiben kann, nicht notwendigerweise zerstört werden muss. Es ist immerhin möglich, dass auch im Psychischen manches Alte – in der Norm oder ausnahmsweise – soweit verwischt oder aufgezehrt wird, dass es durch keinen Vorgang mehr wiederhergestellt und wiederbelebt werden kann, oder dass die Erhaltung allgemein an gewisse günstige Bedingungen geknüpft ist. Es ist möglich, aber wir wissen nichts darüber. Wir dürfen nur daran festhalten, dass die Erhaltung des Vergangenen im Seelenleben eher Regel als befremdliche Ausnahme ist.

Wenn wir so durchaus bereit sind anzuerkennen, es gebe bei vielen Menschen ein „ozeanisches" Gefühl, und geneigt, es auf eine frühe Phase des Ichgefühls zurückzuführen, erhebt sich die weitere Frage: Welchen Anspruch hat dieses Gefühl, als die Quelle der religiösen Bedürfnisse angesehen zu werden?

Mir erscheint dieser Anspruch nicht zwingend. Ein Gefühl kann doch nur dann eine Energiequelle sein, wenn es selbst der Ausdruck eines starken Bedürfnisses ist. Für die religiösen Bedürfnisse scheint mir die Ableitung von der infantilen Hilflosigkeit und der durch sie geweckten Vatersehnsucht unabweisbar, zumal da sich dies Gefühl nicht einfach aus dem kindlichen Leben fortsetzt, sondern durch die Angst vor der Übermacht des Schicksals dauernd erhalten wird. Ein ähnlich starkes Bedürfnis aus der Kindheit wie das nach dem Vaterschutz wüsste ich nicht anzugeben. Damit ist die Rolle des ozeanischen Gefühls, das etwa die Wiederherstellung des uneingeschränkten Narzissmus anstreben könnte, vom Vordergrund abgedrängt. Bis zum Gefühl der kindlichen Hilflosigkeit kann man den Ursprung der religiösen Einstellung in klaren Umrissen verfolgen. Es mag noch anderes dahinterstecken, aber das verhüllt einstweilen der Nebel.

Ich kann mir vorstellen, dass das ozeanische Gefühl nachträglich in Beziehungen zur Religion geraten ist. Dies Einssein mit dem All, was als Gedankeninhalt ihm zugehört, spricht uns ja an wie ein erster Versuch einer religiösen Tröstung, wie ein anderer Weg zur Ableugnung der Gefahr, die das Ich als von der Außenwelt drohend erkennt. Ich wiederhole das Bekenntnis, dass es mir sehr beschwerlich ist, mit diesen kaum fassbaren Größen zu arbeiten. Ein anderer meiner Freunde, den ein unstillbarer Wissensdrang zu den ungewöhnlichsten Experimenten getrieben und endlich zum Allwisser gemacht hat, versicherte mir, dass man in den Yogapraktiken durch Abwendung von der Außenwelt, durch Bindung der Aufmerksamkeit an körperliche Funktionen, durch besondere Weisen der Atmung tatsächlich neue Empfindungen und Allgemeingefühle in sich erwecken kann, die er als Regressionen zu uralten, längst überlagerten Zuständen des Seelenlebens auffassen will. Er sieht in ihnen eine sozusagen physiologische Begründung vieler Weisheiten der Mystik. Beziehungen zu manchen dunkeln Modifikationen des Seelenlebens wie Trance und Ekstase lägen hier nahe. Allein mich drängt es, auch einmal mit den Worten des Schiller'schen Tauchers auszurufen:

> „Es freue sich, wer da atmet im rosigen
> Licht.“

II

In meiner Schrift „Die Zukunft einer Illusion“ handelte es sich weit weniger um die tiefsten Quellen des religiösen Gefühls, als vielmehr um das, was der gemeine Mann unter seiner Religion versteht, um das System von Lehren und Verheißungen, das ihm einerseits die Rätsel dieser Welt mit beneidenswerter Vollständigkeit aufklärt, anderseits ihm zusichert, dass eine sorgsame Vorsehung über sein Leben wachen und etwaige Versagungen in einer jenseitigen Existenz gutmachen wird. Diese Vorsehung kann der gemeine Mann sich nicht anders als in der Person eines großartig erhöhten Vaters vorstellen. Nur ein solcher kann die Bedürfnisse des Menschenkindes kennen, durch seine Bitten erweicht, durch die Zeichen seiner Reue beschwichtigt werden. Das Ganze ist so offenkundig infantil, so wirklichkeitsfremd, dass es einer menschenfreundlichen Gesinnung schmerzlich wird zu denken, die große Mehrheit der Sterblichen werde sich niemals über diese Auffassung des Lebens erheben können. Noch beschämender wirkt es zu erfahren, ein wie großer Anteil der heute Lebenden, die es einsehen müssen, dass diese Religion nicht zu halten ist, doch Stück für Stück von ihr in kläglichen Rückzugsgefechten zu verteidigen sucht. Man möchte sich in die Reihen der Gläubigen mengen, um den Philosophen, die den Gott der Religion zu retten glauben, indem sie ihn durch ein unpersönliches, schattenhaft abstraktes Prinzip ersetzen, die Mahnung vorzuhalten: Du sollst den Namen des Herrn nicht zum Eitlen anrufen! Wenn einige der größten Geister vergangener Zeiten das Gleiche getan haben, so darf man sich hierin nicht auf sie berufen. Man weiß, warum sie so mussten.

Wir kehren zum gemeinen Mann und zu seiner Religion zurück, der einzigen, die diesen Namen tragen sollte. Da tritt uns zunächst die bekannte Äußerung eines unserer großen Dichter und Weisen entgegen, die sich über das Verhältnis der Religion zur Kunst und Wissenschaft ausspricht. Sie lautet:

„Wer Wissenschaft und Kunst besitzt,
hat auch Religion;
Wer jene beiden nicht besitzt,
der habe Religion!"[4]

Dieser Spruch bringt einerseits die Religion in einen Gegensatz zu den beiden Höchstleistungen des Menschen, anderseits behauptet er, dass sie einander in ihrem Lebenswert vertreten oder ersetzen können. Wenn wir auch dem gemeinen Mann die Religion bestreiten wollen, haben wir offenbar die Autorität des Dichters nicht auf unserer Seite. Wir versuchen einen besonderen Weg, um uns der Würdigung seines Satzes zu nähern. Das Leben, wie es uns auferlegt ist, ist zu schwer für uns, es bringt uns zu viel Schmerzen, Enttäuschungen, unlösbare Aufgaben. Um es zu ertragen, können wir Linderungsmittel nicht entbehren. (Es geht nicht ohne Hilfskonstruktionen, hat uns Theodor Fontane gesagt.) Solcher Mittel gibt es vielleicht dreierlei: mächtige Ablenkungen, die uns unser Elend gering schätzen lassen, Ersatzbefriedigungen, die es verringern, Rauschstoffe, die uns für dasselbe unempfindlich machen. Irgendetwas dieser Art ist unerlässlich.[5] Auf

4 Goethe in den „Zahmen Xenien" IX (Gedichte aus dem Nachlass).

5 Auf erniedrigtem Niveau sagt Wilhelm Busch in der „Frommen Helene" dasselbe: „Wer Sorgen hat, hat auch Likör."

die Ablenkungen zielt Voltaire, wenn er seinen „Candide" in den Rat ausklingen lässt, seinen Garten zu bearbeiten; solch eine Ablenkung ist auch die wissenschaftliche Tätigkeit. Die Ersatzbefriedigungen, wie die Kunst sie bietet, sind gegen die Realität Illusionen, darum nicht minder psychisch wirksam dank der Rolle, die die Phantasie im Seelenleben behauptet hat. Die Rauschmittel beeinflussen unser Körperliches, ändern seinen Chemismus. Es ist nicht einfach, die Stellung der Religion innerhalb dieser Reihe anzugeben. Wir werden weiter ausholen müssen.

Die Frage nach dem Zweck des menschlichen Lebens ist ungezählte Male gestellt worden; sie hat noch nie eine befriedigende Antwort gefunden, lässt eine solche vielleicht überhaupt nicht zu. Manche Fragesteller haben hinzugefügt: Wenn sich ergeben sollte, dass das Leben keinen Zweck hat, dann würde es jeden Wert für sie verlieren. Aber diese Drohung ändert nichts. Es scheint vielmehr, dass man ein Recht dazu hat, die Frage abzulehnen. Ihre Voraussetzung scheint jene menschliche Überhebung, von der wir so viele andere Äußerungen bereits kennen. Von einem Zweck des Lebens der Tiere wird nicht gesprochen, wenn deren Bestimmung nicht etwa darin besteht, dem Menschen zu dienen. Allein auch das ist nicht haltbar, denn mit vielen Tieren weiß der Mensch nichts anzufangen – außer, dass er sie beschreibt, klassifiziert, studiert. Und ungezählte Tierarten haben sich auch dieser Verwendung entzogen, indem sie lebten und ausstarben, ehe der Mensch sie gesehen hatte. Es ist wiederum nur die Religion, die die Frage nach einem Zweck des Lebens zu beantworten weiß. Man wird kaum irren, zu entscheiden, dass die Idee eines Lebenszweckes mit dem religiösen System steht und fällt.

Wir wenden uns darum der anspruchsloseren Frage zu, was die Menschen selbst durch ihr Verhalten als

Zweck und Absicht ihres Lebens erkennen lassen, was sie vom Leben fordern, in ihm erreichen wollen.

Die Antwort darauf ist kaum zu verfehlen; sie streben nach dem Glück, sie wollen glücklich werden und so bleiben. Dies Streben hat zwei Seiten, ein positives und ein negatives Ziel, es will einerseits die Abwesenheit von Schmerz und Unlust, anderseits das Erleben starker Lustgefühle. Im engeren Wortsinne wird „Glück" nur auf das Letztere bezogen. Entsprechend dieser Zweiteilung der Ziele entfaltet sich die Tätigkeit der Menschen nach zwei Richtungen, je nachdem sie das eine oder das andere dieser Ziele – vorwiegend oder selbst ausschließlich – zu verwirklichen sucht.

Es ist, wie man merkt, einfach das Programm des Lustprinzips, das den Lebenszweck setzt. Dies Prinzip beherrscht die Leistung des seelischen Apparates von Anfang an; an seiner Zweckdienlichkeit kann kein Zweifel sein, und doch ist sein Programm im Hader mit der ganzen Welt, mit dem Makrokosmos ebenso wie mit dem Mikrokosmos. Es ist überhaupt nicht durchführbar, alle Einrichtungen des Alls widerstreben ihm; man möchte sagen, die Absicht, dass der Mensch „glücklich" sei, ist im Plan der „Schöpfung" nicht enthalten. Was man im strengsten Sinne Glück heißt, entspringt der eher plötzlichen Befriedigung hoch aufgestauter Bedürfnisse und ist seiner Natur nach nur als episodisches Phänomen möglich. Jede Fortdauer einer vom Lustprinzip ersehnten Situation ergibt nur ein Gefühl von lauem Behagen; wir sind so eingerichtet, dass wir nur den Kontrast intensiv genießen können, den Zustand nur sehr wenig.[6] Somit

---

6 Goethe mahnt sogar: „Nichts ist schwerer zu ertragen als eine Reihe von schönen Tagen". Das mag immerhin eine Übertreibung sein.

sind unsere Glücksmöglichkeiten schon durch unsere Konstitution beschränkt. Weit weniger Schwierigkeiten hat es, Unglück zu erfahren. Von drei Seiten droht das Leiden: vom eigenen Körper her, der zu Verfall und Auflösung bestimmt sogar Schmerz und Angst als Warnungssignale nicht entbehren kann, von der Außenwelt, die mit übermächtigen, unerbittlichen, zerstörenden Kräften gegen uns wüten kann, und endlich aus den Beziehungen zu anderen Menschen. Das Leiden, das aus dieser Quelle stammt, empfinden wir vielleicht schmerzlicher als jedes andere; wir sind geneigt, es als eine gewissermaßen überflüssige Zutat anzusehen, obwohl es nicht weniger schicksalmäßig unabwendbar sein dürfte als das Leiden anderer Herkunft.

Kein Wunder, wenn unter dem Druck dieser Leidensmöglichkeiten die Menschen ihren Glücksanspruch zu ermäßigen pflegen, wie ja auch das Lustprinzip selbst sich unter dem Einfluss der Außenwelt zum bescheideneren Realitätsprinzip umbildete, wenn man sich bereits glücklich preist, dem Unglück entgangen zu sein, das Leiden überstanden zu haben, wenn ganz allgemein die Aufgabe der Leidvermeidung die der Lustgewinnung in den Hintergrund drängt. Die Überlegung lehrt, dass man die Lösung dieser Aufgabe auf sehr verschiedenen Wegen versuchen kann; alle diese Wege sind von den einzelnen Schulen der Lebensweisheit empfohlen und von den Menschen begangen worden. Uneingeschränkte Befriedigung aller Bedürfnisse drängt sich als die verlockendste Art der Lebensführung vor, aber das heißt den Genuss vor die Vorsicht setzen und straft sich nach kurzem Betrieb. Die anderen Methoden, bei denen die Vermeidung von Unlust die vorwiegende Absicht ist, scheiden sich je nach der Unlustquelle, der sie die größere Aufmerksamkeit zuwenden. Es gibt da extreme und gemäßigte Verfahren, einseitige und solche, die zugleich an mehreren Stellen angreifen. Gewollte Vereinsamung, Fernhaltung von den anderen ist der nächstliegende Schutz gegen das Leid, das einem aus menschlichen Beziehungen erwachsen kann. Man versteht: Das Glück, das man auf diesem Weg erreichen kann, ist das der Ruhe. Gegen die gefürchtete Außenwelt kann man sich nicht anders als durch irgendeine Art der Abwendung verteidigen, wenn man diese Aufgabe für sich allein lösen will. Es gibt freilich einen anderen und besseren Weg hier, indem man als ein Mitglied der menschlichen Gemeinschaft mit Hilfe der von der Wissenschaft geleiteten Technik zum Angriff auf die Natur übergeht und sie menschlichem Willen unterwirft. Man arbeitet dann mit allen am Glück aller. Die interessantesten Methoden zur Leidverhütung sind aber die, die den eigenen Organismus zu beeinflussen versuchen. Endlich ist alles Leid nur Empfindung, es besteht nur, insofern wir es verspüren, und wir verspüren es nur infolge gewisser Einrichtungen unseres Organismus.

Die roheste, aber auch wirksamste Methode solcher Beeinflussung ist die chemische, die Intoxikation. Ich glaube nicht, dass irgendwer ihren Mechanismus durchschaut, aber es ist Tatsache, dass es körperfremde Stoffe gibt, deren Anwesenheit in Blut und Geweben uns unmittelbare Lustempfindungen verschafft, aber auch die Bedingungen unseres Empfindungslebens so verändert, dass wir zur Aufnahme von Unlustregungen untauglich werden. Beide Wirkungen erfolgen nicht nur gleichzeitig, sie scheinen auch innig miteinander verknüpft. Es muss aber auch in unserem eigenen Chemismus Stoffe geben, die Ähnliches leisten, denn wir kennen wenigstens einen krankhaften Zustand, die Manie, in dem dies rauschähnliche Verhalten zustande kommt, ohne dass ein Rauschgift eingeführt worden wäre. Überdies zeigt unser normales Seelenleben Schwankungen von erleichterter oder erschwerter Lustentbindung, mit denen eine verringerte oder vergrößerte Empfänglichkeit für Unlust parallel geht. Es ist sehr zu bedauern, dass diese toxische Seite der seelischen Vorgänge sich der wissenschaftlichen Erforschung bisher entzogen hat. Die Leistung der Rauschmittel im Kampf um das Glück und zur Fernhaltung des Elends wird so sehr als Wohltat geschätzt, dass Individuen wie Völker ihnen eine feste Stellung in ihrer Libidoökonomie eingeräumt haben. Man dankt ihnen nicht nur den unmittelbaren Lustgewinn, sondern auch ein heiß ersehntes Stück Unabhängigkeit von der Außenwelt. Man weiß doch, dass man mit Hilfe des „Sorgenbrechers" sich jederzeit dem Druck der Realität entziehen und in einer eigenen Welt mit besseren Empfindungsbedingungen Zuflucht finden kann. Es ist bekannt, dass gerade diese Eigenschaft der Rauschmittel auch ihre Gefahr und Schädlichkeit bedingt. Sie tragen unter Umständen die Schuld daran, dass große Energiebeträge, die zur Verbesserung des menschlichen Loses verwendet werden könnten, nutzlos verloren gehen.

Der komplizierte Bau unseres seelischen Apparats gestattet aber auch eine ganze Reihe anderer Beeinflussungen. Wie Triebbefriedigung Glück ist, so wird es Ursache schweren Leidens, wenn die Außenwelt uns darben lässt, die Sättigung unserer Bedürfnisse verweigert. Man kann also hoffen, durch Einwirkung auf diese Triebregungen von einem Teil des Leidens frei zu werden. Diese Art der Leidabwehr greift nicht mehr am Empfindungsapparat an, sie sucht der inneren Quellen der Bedürfnisse Herr zu werden. In extremer Weise geschieht dies, indem man die Triebe ertötet, wie die orientalische Lebensweisheit lehrt und die Yogapraxis ausführt. Gelingt es, so hat man damit freilich auch alle andere Tätigkeit aufgegeben (das Leben geopfert), auf anderem Wege wieder nur das Glück der Ruhe erworben. Den gleichen Weg verfolgt man bei ermäßigten Zielen, wenn man nur die Beherrschung des Trieblebens anstrebt. Das Herrschende sind dann die höheren, psychischen Instanzen, die sich dem Realitätsprinzip unterworfen haben. Hierbei wird die Absicht der Befriedigung keineswegs aufgegeben; ein gewisser Schutz gegen Leiden wird dadurch erreicht, dass die Unbefriedigung der in Abhängigkeit gehaltenen Triebe nicht so schmerzlich empfunden wird wie die der ungehemmten. Dagegen steht aber eine unleugbare Herabsetzung der Genussmöglichkeiten. Das Glücksgefühl bei Befriedigung einer wilden, vom Ich ungebändigten Triebregung ist unvergleichlich intensiver als das bei Sättigung eines gezähmten Triebes. Die Unwiderstehlichkeit perverser Impulse, vielleicht der Anreiz des Verbotenen überhaupt, findet hierin eine ökonomische Erklärung.

Eine andere Technik der Leidabwehr bedient sich der Libidoverschiebungen, welche unser seelischer Apparat gestattet, durch die seine Funktion so viel an Geschmeidigkeit gewinnt. Die zu lösende Aufgabe ist, die Triebziele solcher Art zu verlegen, dass sie von der Versagung der Außenwelt nicht getroffen werden können. Die Sublimierung der Triebe leiht dazu ihre Hilfe. Am meisten erreicht man, wenn man den Lustgewinn aus den Quellen psychischer und intellektueller Arbeit genügend zu erhöhen versteht. Das Schicksal kann einem dann wenig anhaben. Die Befriedigung solcher Art, wie die Freude des Künstlers am Schaffen, an der Verkörperung seiner Phantasiegebilde, die des Forschers an der Lösung von

Problemen und am Erkennen der Wahrheit haben eine besondere Qualität, die wir gewiss eines Tages werden metapsychologisch charakterisieren können. Derzeit können wir nur bildweise sagen, sie erscheinen uns „feiner und höher", aber ihre Intensität ist im Vergleich mit der aus der Sättigung grober, primärer Triebregungen gedämpft; sie erschüttern nicht unsere Leiblichkeit. Die Schwäche dieser Methode liegt aber darin, dass sie nicht allgemein verwendbar, nur wenigen Menschen zugänglich ist. Sie setzt besondere, im wirksamen Ausmaß nicht gerade häufige Anlagen und Begabungen voraus. Auch diesen Wenigen kann sie nicht vollkommenen Leidensschutz gewähren, sie schafft ihnen keinen für die Pfeile des Schicksals undurchdringlichen Panzer und sie pflegt zu versagen, wenn der eigene Leib die Quelle des Leidens wird.[7]

---

7 Wenn nicht besondere Veranlagung den Lebensinteressen gebieterisch die Richtung vorschreibt, kann die gemeine, jedermann zugängliche Berufsarbeit an die Stelle rücken, die ihr von dem weisen Ratschlag Voltaires angewiesen wird. Es ist nicht möglich, die Bedeutung der Arbeit für die Libidoökonomie im Rahmen einer knappen Übersicht ausreichend zu würdigen. Keine andere Technik der Lebensführung bindet den Einzelnen so fest an die Realität als die Betonung der Arbeit, die ihn wenigstens in ein Stück der Realität, in die menschliche Gemeinschaft sicher einfügt. Die Möglichkeit, ein starkes Ausmaß libidinöser Komponenten, narzisstische, aggressive und selbst erotische, auf die Berufsarbeit und auf die mit ihr verknüpften menschlichen Beziehungen zu verschieben, leiht ihr einen Wert, der hinter ihrer Unerlässlichkeit zur Behauptung und Rechtfertigung der Existenz in der Gesellschaft nicht zurücksteht. Besondere Befriedigung vermittelt die Berufstätigkeit, wenn sie eine frei gewählte ist, also bestehende Neigungen, fortgeführte oder konstitutionell verstärkte Triebregungen durch Sublimierung nutzbar zu machen gestattet. Und dennoch wird Arbeit als Weg zum Glück von den Menschen wenig geschätzt. Man drängt sich nicht zu ihr wie zu anderen Möglichkeiten der Befriedigung. Die große Mehrzahl der Menschen arbeitet nur notgedrungen, und aus dieser natürlichen Arbeitsscheu der Menschen leiten sich die schwierigsten sozialen Probleme ab.

Wenn schon bei diesem Verfahren die Absicht deutlich wird, sich von der Außenwelt unabhängig zu machen, indem man seine Befriedigungen in inneren, psychischen Vorgängen sucht, so treten die gleichen Züge noch stärker bei dem nächsten hervor. Hier wird der Zusammenhang mit der Realität noch mehr gelockert, die Befriedigung wird aus Illusionen gewonnen, die man als solche erkennt, ohne sich durch deren Abweichung von der Wirklichkeit im Genuss stören zu lassen. Das Gebiet, aus dem diese Illusionen stammen, ist das des Phantasielebens; es wurde seinerzeit, als sich die Entwicklung des Realitätssinnes vollzog, ausdrücklich den Ansprüchen der Realitätsprüfung entzogen und blieb für die Erfüllung schwer durchsetzbarer Wünsche bestimmt. Obenan unter diesen Phantasiebefriedigungen steht der Genuss an Werken der Kunst, der auch dem nicht selbst Schöpferischen durch die Vermittlung des Künstlers zugänglich gemacht wird.[8] Wer für den Einfluss der Kunst empfänglich ist, weiß ihn als Lustquelle und Lebenströstung nicht hoch genug einzuschätzen. Doch vermag die milde Narkose, in die uns die Kunst versetzt, nicht mehr als eine flüchtige Entrückung aus den Nöten des Lebens herbeizuführen und ist nicht stark genug, um reales Elend vergessen zu machen.

Energischer und gründlicher geht ein anderes Verfahren vor, das den einzigen Feind in der Realität erblickt, die die Quelle alles Leids ist, mit der sich nicht leben lässt, mit der man darum alle Beziehungen abbrechen muss, wenn man in irgendeinem Sinne glücklich sein will. Der Eremit kehrt dieser Welt den Rücken, er will nichts mit ihr zu schaffen haben. Aber man kann mehr

---

8 Vgl. „Formulierungen über die zwei Prinzipien des psychischen Geschehens“, 1911 (Ges. Schriften Bd. VI) und „Vorlesungen zur Einführung in die Psychoanalyse“, XXIII (Ges. Schriften Bd. VII).

tun, man kann sie umformen wollen, anstatt ihrer eine andere aufbauen, in der die unerträglichsten Züge ausgetilgt und durch andere im Sinne der eigenen Wünsche ersetzt sind. Wer in verzweifelter Empörung diesen Weg zum Glück einschlägt, wird in der Regel nichts erreichen; die Wirklichkeit ist zu stark für ihn. Er wird ein Wahnsinniger, der in der Durchsetzung seines Wahns meist keine Helfer findet. Es wird aber behauptet, dass jeder von uns sich in irgendeinem Punkte ähnlich wie der Paranoiker benimmt, eine ihm unleidliche Seite der Welt durch eine Wunschbildung korrigiert und diesen Wahn in die Realität einträgt. Eine besondere Bedeutung beansprucht der Fall, dass eine größere Anzahl von Menschen gemeinsam den Versuch unternimmt, sich Glücksversicherung und Leidensschutz durch wahnhafte Umbildung der Wirklichkeit zu schaffen. Als solchen Massenwahn müssen wir auch die Religionen der Menschheit kennzeichnen. Den Wahn erkennt natürlich niemals, wer ihn selbst noch teilt.

Ich glaube nicht, dass diese Aufzählung der Methoden, wie die Menschen das Glück zu gewinnen und das Leiden fernzuhalten bemüht sind, vollständig ist, weiß auch, dass der Stoff andere Anordnungen zulässt. Eines dieser Verfahren habe ich noch nicht angeführt; nicht dass ich es vergessen hätte, sondern weil es uns noch in anderem Zusammenhange beschäftigen wird. Wie wäre es auch möglich, gerade diese Technik der Lebenskunst zu vergessen! Sie zeichnet sich durch die merkwürdigste Vereinigung von charakteristischen Zügen aus. Sie strebt natürlich auch die Unabhängigkeit vom Schicksal – so nennen wir es am besten – an und verlegt in dieser Absicht die Befriedigung in innere seelische Vorgänge, bedient sich dabei der vorhin erwähnten Verschiebbarkeit der Libido, aber sie wendet sich nicht von der Außenwelt ab, klammert sich im Gegenteil an deren Objekte und gewinnt das Glück aus einer Gefühlsbeziehung zu ihnen. Sie gibt sich dabei auch nicht mit dem gleichsam müde resignierenden Ziel der Unlust-Vermeidung zufrieden, eher geht sie achtlos an diesem vorbei und hält am ursprünglichen, leidenschaftlichen Streben nach positiver Glückserfüllung fest. Vielleicht kommt sie diesem Ziele wirklich näher als jede andere Methode. Ich meine natürlich jene Richtung des Lebens, welche die Liebe zum Mittelpunkt nimmt, alle Befriedigung aus dem Lieben und Geliebtwerden erwartet. Eine solche psychische Einstellung liegt uns allen nahe genug; eine der Erscheinungsformen der Liebe, die geschlechtliche Liebe, hat uns die stärkste Erfahrung einer überwältigenden Lustempfindung vermittelt und so das Vorbild für unser Glücksstreben gegeben. Was ist natürlicher, als dass wir dabei beharren, das Glück auf demselben Wege zu suchen, auf dem wir ihm zuerst begegnet sind. Die schwache Seite dieser Lebenstechnik liegt klar zu Tage; sonst wäre es auch keinem Menschen eingefallen, diesen Weg zum Glück für einen anderen zu verlassen. Niemals sind wir ungeschützter gegen das Leiden, als wenn wir lieben, niemals hilfloser unglücklich, als wenn wir das geliebte Objekt oder seine Liebe verloren haben. Aber die auf den Glückswert der Liebe gegründete Lebenstechnik ist damit nicht erledigt, es ist viel mehr darüber zu sagen.

Hier kann man den interessanten Fall anschließen, dass das Lebensglück vorwiegend im Genusse der Schönheit gesucht wird, wo immer sie sich unseren Sinnen und unserem Urteil zeigt, der Schönheit menschlicher Formen und Gesten, Naturobjekte und Landschaften, künstlerischer und selbst wissenschaftlicher Schöpfungen.

Diese ästhetische Einstellung zum Lebensziel bietet wenig Schutz gegen drohende Leiden, vermag aber für vieles zu entschädigen. Der Genuss an der Schönheit hat einen besonderen, milde berauschenden Empfindungscharakter. Ein Nutzen der Schönheit liegt nicht klar zu Tage, ihre kulturelle Notwendigkeit ist nicht einzusehen, und doch könnte man sie in der Kultur nicht vermissen. Die Wissenschaft der Ästhetik untersucht die Bedingungen, unter denen das Schöne empfunden wird; über Natur und Herkunft der Schönheit hat sie keine Aufklärung geben können; wie gebräuchlich, wird die Ergebnislosigkeit durch einen Aufwand an volltönenden, inhaltsarmen Worten verhüllt. Leider weiß auch die Psychoanalyse über die Schönheit am wenigsten zu sagen. Einzig die Ableitung aus dem Gebiet des Sexualempfindens scheint gesichert; es wäre ein vorbildliches Beispiel einer zielgehemmten Regung. Die „Schönheit" und der „Reiz" sind ursprünglich Eigenschaften des Sexualobjekts. Es ist bemerkenswert, dass die Genitalien selbst, deren Anblick immer erregend wirkt, doch fast nie als schön beurteilt werden, dagegen scheint der Charakter der Schönheit an gewissen sekundären Geschlechtsmerkmalen zu haften.

Trotz dieser Unvollständigkeit getraue ich mich bereits einiger unsere Untersuchung abschließenden Bemerkungen. Das Programm, welches uns das Lustprinzip aufdrängt, glücklich zu werden, ist nicht zu erfüllen, doch darf man – nein, kann man – die Bemühungen, es irgendwie der Erfüllung näher zu bringen, nicht aufgeben. Man kann sehr verschiedene Wege dahin einschlagen, entweder den positiven Inhalt des Ziels, den Lustgewinn, oder den negativen, die Unlustvermeidung, voranstellen. Auf keinem dieser Wege können wir alles, was wir begehren, erreichen. Das Glück in jenem ermäßigten Sinn, in dem es als möglich erkannt wird, ist ein Problem der individuellen Libidoökonomie. Es gibt hier keinen Rat, der für alle taugt; ein jeder muss selbst versuchen, auf welche besondere Fasson er selig werden kann. Die mannigfachsten Faktoren werden sich geltend machen, um seiner Wahl die Wege zu weisen. Es kommt darauf an, wie viel reale Befriedigung er von der Außenwelt zu erwarten hat und inwieweit er veranlasst ist, sich von ihr unabhängig zu machen; zuletzt auch, wie viel Kraft er sich zutraut, diese nach seinen Wünschen abzuändern. Schon dabei wird außer den äußeren Verhältnissen die psychische Konstitution des Individuums entscheidend werden. Der vorwiegend erotische Mensch wird die Gefühlsbeziehungen zu anderen Personen voranstellen, der eher selbstgenügsame Narzisstische die wesentlichen Befriedigungen in seinen inneren seelischen Vorgängen suchen, der Tatenmensch von der Außenwelt nicht ablassen, an der er seine Kraft erproben kann. Für den mittleren dieser Typen werden die Art seiner Begabung und das Ausmaß der ihm möglichen Triebsublimierung dafür bestimmend werden, wohin er seine Interessen verlegen soll. Jede extreme Entscheidung wird sich dadurch strafen, dass sie das Individuum den Gefahren aussetzt, die die Unzulänglichkeit der ausschließend gewählten Lebenstechnik mit sich bringt. Wie der vorsichtige Kaufmann es vermeidet, sein ganzes Kapital an einer Stelle festzulegen, so wird vielleicht auch die Lebensweisheit raten, nicht alle Befriedigung von einer einzigen Strebung zu erwarten. Der Erfolg ist niemals sicher, er hängt vom Zusammentreffen vieler Momente ab, von keinem vielleicht mehr als von der Fähigkeit der psychischen Konstitution, ihre Funktion der Umwelt anzupassen und diese für Lustgewinn auszunützen. Wer eine besonders ungünstige Triebkonstitution mitgebracht und die zur späteren Leistung unerlässliche Umbildung und Neuordnung seiner Libidokomponenten nicht regelrecht durchgemacht hat, wird es schwer haben, aus seiner äußeren Situation Glück zu gewinnen, zumal, wenn er vor schwierigere Aufgaben gestellt wird. Als letzte Lebenstechnik, die ihm wenigstens Ersatzbefriedigungen verspricht, bietet sich ihm die Flucht in die neurotische Krankheit, die er meist schon in jungen Jahren vollzieht. Wer dann in späterer Lebenszeit seine Bemühungen um das Glück vereitelt sieht, findet noch Trost im Lustgewinn der chronischen Intoxikation, oder er unternimmt den verzweifelten Auflehnungsversuch der Psychose.

Die Religion beeinträchtigt dieses Spiel der Auswahl und Anpassung, indem sie ihren Weg zum Glückserwerb und Leidensschutz allen in gleicher Weise aufdrängt. Ihre Technik besteht darin, den Wert des Lebens herabzudrücken und das Bild der realen Welt wahnhaft zu entstellen, was die Einschüchterung der Intelligenz zur Voraussetzung hat. Um diesen Preis, durch gewaltsame Fixierung eines psychischen Infantilismus und Einbeziehung in einen Massenwahn, gelingt es der Religion, vielen Menschen die individuelle Neurose zu ersparen. Aber kaum mehr; es gibt, wie wir gesagt haben, viele Wege, die zu dem Glück führen können, wie es dem Menschen erreichbar ist, keinen, der sicher dahin leitet. Auch die Religion kann ihr Versprechen nicht halten. Wenn der Gläubige sich endlich genötigt findet, von Gottes „unerforschlichem Ratschluss“ zu reden, so gesteht er damit ein, dass ihm als letzte Trostmöglichkeit und Lustquelle im Leiden nur die bedingungslose Unterwerfung übrig geblieben ist. Und wenn er zu dieser bereit ist, hätte er sich wahrscheinlich den Umweg ersparen können.

III

Unsere Untersuchung über das Glück hat uns bisher nicht viel gelehrt, was nicht allgemein bekannt ist. Auch wenn wir sie mit der Frage fortsetzen, warum es für die Menschen so schwer ist, glücklich zu werden, scheint die Aussicht, Neues zu erfahren, nicht viel größer. Wir haben die Antwort bereits gegeben, indem wir auf die drei Quellen hinwiesen, aus denen unser Leiden kommt: die Übermacht der Natur, die Hinfälligkeit unseres eigenen Körpers und die Unzulänglichkeit der Einrichtungen, welche die Beziehungen der Menschen zueinander in Familie, Staat und Gesellschaft regeln. In Betreff der beiden ersten kann unser Urteil nicht lange schwanken; es zwingt uns zur Anerkennung dieser Leidensquellen und zur Ergebung ins Unvermeidliche. Wir werden die Natur nie vollkommen beherrschen, unser Organismus, selbst ein Stück dieser Natur, wird immer ein vergängliches, in Anpassung und Leistung beschränktes Gebilde bleiben. Von dieser Erkenntnis geht keine lähmende Wirkung aus; im Gegenteil, sie weist unserer Tätigkeit die Richtung. Können wir nicht alles Leiden aufheben, so doch manches, und anderes lindern, mehrtausendjährige Erfahrung hat uns davon überzeugt. Anders verhalten wir uns zur dritten, zur sozialen Leidensquelle. Diese wollen wir überhaupt nicht gelten lassen, können nicht einsehen, warum die von uns selbst geschaffenen Einrichtungen nicht vielmehr Schutz und Wohltat für uns alle sein sollten. Allerdings, wenn wir bedenken, wie schlecht uns gerade dieses Stück der Leidverhütung gelungen ist, erwacht der Verdacht, es könnte auch hier ein Stück der unbesiegbaren Natur dahinter stecken, diesmal unserer eigenen psychischen Beschaffenheit.

Auf dem Wege, uns mit dieser Möglichkeit zu beschäftigen, treffen wir auf eine Behauptung, die so erstaunlich ist, dass wir bei ihr verweilen wollen. Sie lautet, einen großen Teil der Schuld an unserem Elend trage unsere sogenannte Kultur; wir wären viel glücklicher, wenn wir sie aufgeben und in primitive Verhältnisse zurückfinden würden. Ich heiße sie erstaunlich, weil – wie immer man den Begriff Kultur bestimmen mag – es doch feststeht, dass alles, womit wir uns gegen die Bedrohung aus den Quellen des Leidens zu schützen versuchen, eben der nämlichen Kultur zugehört.

Auf welchem Weg sind wohl so viele Menschen zu diesem Standpunkt befremdlicher Kulturfeindlichkeit gekommen? Ich meine, eine tiefe, lang bestehende Unzufriedenheit mit dem jeweiligen Kulturzustand stellte den Boden her, auf dem sich dann bei bestimmten historischen Anlässen diese Verurteilung erhob. Den letzten und den vorletzten dieser Anlässe glaube ich zu erkennen; ich bin nicht gelehrt genug, um die Kette derselben weit genug in die Geschichte der menschlichen Art zurückzuverfolgen. Schon beim Sieg des Christentums über die heidnischen Religionen muss ein solcher kulturfeindlicher Faktor beteiligt gewesen sein. Der durch die christliche Lehre vollzogenen Entwertung des irdischen Lebens stand er ja sehr nahe. Die vorletzte Veranlassung ergab sich, als man im Fortschritt der Entdeckungsreisen in Berührung mit primitiven Völkern und Stämmen kam. Bei ungenügender Beobachtung und missverständlicher Auffassung ihrer Sitten und Gebräuche schienen sie den Europäern ein einfaches, bedürfnisarmes, glückliches Leben zu führen, wie es den kulturell überlegenen Besuchern unerreichbar war. Die spätere Erfahrung hat manches Urteil dieser Art berichtigt; in vielen Fällen hatte man irrtümlich ein Maß von Lebenserleichterung, das der Großmut der Natur und der Bequemlichkeit in der Befriedigung der großen Bedürfnisse zu danken war, der Abwesenheit von verwickelten kulturellen Anforderungen zugeschrieben. Die letzte Veranlassung ist uns besonders vertraut; sie trat auf, als man den Mechanismus der Neurosen kennen lernte, die das bisschen Glück des Kulturmenschen zu untergraben drohen. Man fand, dass der Mensch neurotisch wird, weil er das Maß von Versagung nicht ertragen kann, das ihm die Gesellschaft im Dienste ihrer kulturellen Ideale auferlegt, und man schloss daraus, dass es eine Rückkehr zu Glücksmöglichkeiten bedeutete, wenn diese Anforderungen aufgehoben oder sehr herabgesetzt würden.

Es kommt noch ein Moment der Enttäuschung dazu. In den letzten Generationen haben die Menschen außerordentliche Fortschritte in den Naturwissenschaften und in ihrer technischen Anwendung gemacht, ihre Herrschaft über die Natur in einer früher unvorstellbaren Weise befestigt. Die Einzelheiten dieser Fortschritte sind allgemein bekannt, es erübrigt sich, sie aufzuzählen. Die Menschen sind stolz auf diese Errungenschaften und haben ein Recht dazu. Aber sie glauben bemerkt zu haben, dass diese neu gewonnene Verfügung über Raum und Zeit, diese Unterwerfung der Naturkräfte, die Erfüllung Jahrtausende alter Sehnsucht, das Maß von Lustbefriedigung, das sie vom Leben erwarten, nicht erhöht, sie nach ihren Empfindungen nicht glücklicher gemacht hat. Man sollte sich begnügen, aus dieser Feststellung den Schluss zu ziehen, die Macht über die Natur sei nicht die einzige Bedingung des Menschenglücks, wie sie ja auch nicht das einzige Ziel der Kulturbestrebungen ist, und nicht die Wertlosigkeit der technischen Fortschritte für unsere Glücksökonomie daraus ableiten. Man möchte einwenden: Ist es denn nicht ein positiver Lustgewinn, ein unzweideutiger Zuwachs an Glücksgefühl, wenn ich beliebig oft die Stimme des Kindes hören kann, das Hunderte von Kilometern entfernt von mir lebt, wenn ich die kürzeste Zeit nach der Landung des Freundes erfahren kann, dass er die lange, beschwerliche Reise gut bestanden hat? Bedeutet es nichts, dass es der Medizin gelungen ist, die Sterblichkeit der kleinen Kinder, die Infektionsgefahr der gebärenden Frauen so außerordentlich herabzusetzen, ja, die mittlere Lebensdauer des Kulturmenschen um eine beträchtliche Anzahl von Jahren zu verlängern? Und solcher Wohltaten, die wir dem vielgeschmähten Zeitalter der wissenschaftlichen und technischen Fortschritte verdanken, können wir noch eine große Reihe anführen – aber da lässt sich die Stimme der pessimistischen Kritik vernehmen und mahnt, die meisten dieser Befriedigungen folgten dem Muster jenes „billigen Vergnügens", das in einer gewissen Anekdote angepriesen wird. Man verschafft sich diesen Genuss, indem man in kalter Winternacht ein Bein nackt aus der Decke herausstreckt und es dann wieder einzieht. Gäbe es keine Eisenbahn, die die Entfernungen überwindet, so hätte das Kind die Vaterstadt nie verlassen, man brauchte kein Telefon, um seine Stimme zu hören. Wäre nicht die Schifffahrt über den Ozean eingerichtet, so hätte der Freund nicht die Seereise unternommen, ich brauchte den Telegraphen nicht, um meine Sorge um ihn zu beschwichtigen. Was nützt uns die Einschränkung der Kindersterblichkeit, wenn gerade sie uns die äußerste Zurückhaltung in der Kinderzeugung aufnötigt, so dass wir im Ganzen doch nicht mehr Kinder aufziehen, als in den Zeiten vor der Herrschaft der Hygiene, dabei aber unser Sexualleben in der Ehe unter schwierige Bedingungen gebracht und wahrscheinlich der wohltätigen, natürlichen Auslese entgegengearbeitet haben? Und was soll uns endlich ein langes Leben, wenn es beschwerlich, arm an Freuden und so leidvoll ist, dass wir den Tod nur als Erlöser bewillkommnen können?

Es scheint festzustehen, dass wir uns in unserer heutigen Kultur nicht wohlfühlen, aber es ist sehr schwer, sich ein Urteil darüber zu bilden, ob und inwieweit die Menschen früherer Zeiten sich glücklicher gefühlt haben und welchen Anteil ihre Kulturbedingungen daran hatten. Wir werden immer die Neigung haben, das Elend objektiv zu erfassen, d.h. uns mit unseren Ansprüchen und Empfänglichkeiten in jene Bedingungen zu versetzen, um dann zu prüfen, welche Anlässe zu Glücks- und Unglücksempfindungen wir in ihnen fänden. Diese Art der Betrachtung, die objektiv erscheint, weil sie von den Variationen der subjektiven Empfindlichkeit absieht, ist natürlich die subjektivste, die möglich ist, indem sie an die Stelle aller anderen unbekannten, seelischen Verfassungen die eigene einsetzt. Das Glück ist aber etwas durchaus Subjektives. Wir mögen noch so sehr vor gewissen Situationen zurückschrecken, der des antiken Galeerensklaven, des Bauern im 30-jährigen Krieg, des Opfers der heiligen Inquisition, des Juden, der den Pogrom erwartet, es ist uns doch unmöglich, uns in diese Personen einzufühlen, die Veränderungen zu erraten, die ursprüngliche Stumpfheit, allmähliche Abstumpfung, Einstellung der Erwartungen, gröbere und feinere Weisen der Narkotisierung in der Empfänglichkeit für Lust- und Unlustempfindungen herbeigeführt haben. Im Falle äußerster Leidmöglichkeit werden auch bestimmte seelische Schutzvorrichtungen in Tätigkeit versetzt. Es scheint mir unfruchtbar, diese Seite des Problems weiter zu verfolgen.

Es ist Zeit, dass wir uns um das Wesen dieser Kultur kümmern, deren Glückswert in Zweifel gezogen wird. Wir werden keine Formel fordern, die dieses Wesen in wenigen Worten ausdrückt, noch ehe wir etwas aus der Untersuchung erfahren haben. Es genügt uns also, zu wiederholen,[9] dass das Wort „Kultur" die ganze Summe der Leistungen und Einrichtungen bezeichnet, in denen sich unser Leben von dem unserer tierischen Ahnen entfernt, und die zwei Zwecken dienen: dem Schutz des Menschen gegen die Natur und der Regelung der Beziehungen der Menschen untereinander. Um mehr zu verstehen, werden wir die Züge der Kultur im Einzelnen zusammensuchen, wie sie sich in menschlichen Gemeinschaften zeigen. Wir lassen uns dabei ohne Bedenken vom Sprachgebrauch, oder wie man auch sagt: Sprachgefühl, leiten im Vertrauen darauf, dass wir so inneren Einsichten gerecht werden, die sich dem Ausdruck in abstrakten Worten noch widersetzen.

Der Eingang ist leicht: Als kulturell anerkennen wir alle Tätigkeiten und Werte, die dem Menschen nützen, indem sie ihm die Erde dienstbar machen, ihn gegen die Gewalt der Naturkräfte schützen und dergl. Über diese Seite des Kulturellen besteht ja am wenigsten Zweifel. Um weit genug zurückzugehen, die ersten kulturellen Taten waren der Gebrauch von Werkzeugen, die Zähmung des Feuers, der Bau von Wohnstätten. Unter ihnen ragt die Zähmung des Feuers als eine ganz außerordentliche, vorbildlose Leistung hervor,[10] mit den anderen schlug der

9 Siehe: Die Zukunft einer Illusion, 1927.

10 Psychoanalytisches Material, unvollständig, nicht sicher deutbar, lässt doch wenigstens eine – phantastisch klingende – Vermutung

Mensch Wege ein, die er seither immer weiter verfolgt hat, zu denen die Anregung leicht zu erraten ist. Mit all seinen Werkzeugen vervollkommnet der Mensch seine Organe – die motorischen wie die sensorischen – oder räumt die Schranken für ihre Leistung weg. Die Motoren stellen ihm riesige Kräfte zur Verfügung, die er wie seine Muskeln in beliebige Richtungen schicken kann, das Schiff und das Flugzeug machen, dass weder Wasser noch Luft seine Fortbewegung hindern können. Mit der Brille korrigiert er die Mängel der Linse in seinem Auge, mit dem Fernrohr schaut er in entfernte Weiten, mit dem Mikroskop überwindet er die Grenzen der Sichtbarkeit, die durch den Bau seiner Netzhaut abgesteckt werden. In der fotografischen Kamera hat er ein Instrument geschaffen, das die flüchtigen Seheindrücke festhält, was ihm die Grammofonplatte für die ebenso vergänglichen Schalleindrücke leisten muss, beides im Grunde Materialisationen des ihm gegebenen Vermögens der Erinnerung, seines Gedächtnisses. Mit Hilfe des Telefons hört er

---

über den Ursprung dieser menschlichen Großtat zu. Als wäre der Urmensch gewohnt gewesen, wenn er dem Feuer begegnete, eine infantile Lust an ihm zu befriedigen, indem er es durch seinen Harnstrahl auslöschte. An der ursprünglichen phallischen Auffassung der züngelnden, sich in die Höhe reckenden Flamme kann nach vorhandenen Sagen kein Zweifel sein. Das Feuerlöschen durch Urinieren – auf das noch die späten Riesenkinder Gulliver in Liliput und Rabelais' Gargantua zurückgreifen – war also wie ein sexueller Akt mit einem Mann, ein Genuss der männlichen Potenz im homosexuellen Wettkampf. Wer zuerst auf diese Lust verzichtete, das Feuer verschonte, konnte es mit sich forttragen und in seinen Dienst zwingen. Dadurch, dass er das Feuer seiner eigenen sexuellen Erregung dämpfte, hatte er die Naturkraft des Feuers gezähmt. Diese große kulturelle Eroberung wäre also der Lohn für einen Triebverzicht. Und weiter, als hätte man das Weib zur Hüterin des auf dem häuslichen Herd gefangen gehaltenen Feuers bestellt, weil ihr anatomischer Bau es ihr verbietet, einer solchen Lustversuchung nachzugeben. Es ist auch bemerkenswert, wie regelmäßig die analytischen Erfahrungen den Zusammenhang von Ehrgeiz, Feuer und Harnerotik bezeugen.

aus Entfernungen, die selbst das Märchen als unerreichbar respektieren würde; die Schrift ist ursprünglich die Sprache des Abwesenden, das Wohnhaus ein Ersatz für den Mutterleib, die erste, wahrscheinlich noch immer ersehnte Behausung, in der man sicher war und sich so wohl fühlte.

Es klingt nicht nur wie ein Märchen, es ist direkt die Erfüllung aller – nein der meisten – Märchenwünsche, was der Mensch durch seine Wissenschaft und Technik auf dieser Erde hergestellt hat, in der er zuerst als ein schwaches Tierwesen auftrat und auf der jedes Individuum seiner Art wiederum als hilfloser Säugling — *oh inch of nature!* — eintreten muss. All diesen Besitz darf er als Kulturerwerb ansprechen. Er hatte sich seit langen Zeiten eine Idealvorstellung von Allmacht und Allwissenheit gebildet, die er in seinen Göttern verkörperte. Ihnen schrieb er alles zu, was seinen Wünschen unerreichbar schien – oder ihm verboten war. Man darf also sagen, diese Götter waren Kulturideale. Nun hat er sich der Erreichung dieses Ideals sehr angenähert, ist beinahe selbst ein Gott geworden. Freilich nur so, wie man nach allgemein menschlichem Urteil Ideale zu erreichen pflegt. Nicht vollkommen, in einigen Stücken gar nicht, in anderen nur so halbwegs. Der Mensch ist sozusagen eine Art Prothesengott geworden, recht großartig, wenn er alle seine Hilfsorgane anlegt, aber sie sind nicht mit ihm verwachsen und machen ihm gelegentlich noch viel zu schaffen. Er hat übrigens ein Recht, sich damit zu trösten, dass diese Entwicklung nicht gerade mit dem Jahr 1930 A. D. abgeschlossen sein wird. Ferne Zeiten werden neue, wahrscheinlich unvorstellbar große Fortschritte auf diesem Gebiete der Kultur mit sich bringen, die Gottähnlichkeit noch weiter steigern. Im Interesse unserer Untersuchung wollen wir aber auch nicht vergessen, dass der heutige Mensch sich in seiner Gottähnlichkeit nicht glücklich fühlt.

Wir anerkennen also die Kulturhöhe eines Landes, wenn wir finden, dass alles in ihm gepflegt und zweckmäßig besorgt wird, was der Ausnützung der Erde durch den Menschen und dem Schutz desselben vor den Naturkräften dienlich, also kurz zusammengefasst: ihm nützlich ist. In einem solchen Land seien Flüsse, die mit Überschwemmungen drohen, in ihrem Lauf reguliert, ihr Wasser durch Kanäle hingeleitet, wo es entbehrt wird. Der Erdboden werde sorgfältig bearbeitet und mit den Gewächsen beschickt, die er zu tragen geeignet ist, die mineralischen Schätze der Tiefe emsig zu Tage gefördert und zu den verlangten Werkzeugen und Geräten verarbeitet. Die Verkehrsmittel seien reichlich, rasch und zuverlässig, die wilden und gefährlichen Tiere seien ausgerottet, die Zucht der zu Haustieren gezähmten sei in Blüte. Wir haben aber an die Kultur noch andere Anforderungen zu stellen und hoffen bemerkenswerterweise, sie in denselben Ländern verwirklicht zu finden. Als wollten wir unseren zuerst erhobenen Anspruch verleugnen, begrüßen wir es auch als kulturell, wenn wir sehen, dass sich die Sorgfalt der Menschen auch Dingen zuwendet, die ganz und gar nicht nützlich sind, eher unnütz erscheinen, z.B. wenn die in einer Stadt als Spielplätze und Luftreservoirs notwendigen Gartenflächen auch Blumenbeete tragen, oder wenn die Fenster der Wohnungen mit Blumentöpfen geschmückt sind. Wir merken bald, das Unnütze, dessen Schätzung wir von der Kultur erwarten, ist die Schönheit; wir fordern, dass der Kulturmensch die Schönheit verehre, wo sie ihm in der Natur begegnet, und sie herstelle an Gegenständen, soweit seiner Hände Arbeit es vermag. Weit entfernt, dass unsere Ansprüche an die Kultur damit erschöpft wären. Wir verlangen noch die Zeichen von Reinlichkeit und Ordnung zu sehen. Wir denken nicht hoch von der Kultur einer englischen Landstadt zur Zeit Shakespeares, wenn wir lesen, dass ein hoher Misthaufen vor der Türe seines väterlichen Hauses in Stratford lagerte; wir sind ungehalten und schelten es „barbarisch", was der Gegensatz zu kulturell ist, wenn wir die Wege des Wienerwaldes mit weggeworfenen Papieren bestreut finden. Unsauberkeit jeder Art scheint uns mit Kultur unvereinbar; auch auf den menschlichen Körper dehnen wir die Forderung der Reinlichkeit aus, hören mit Erstaunen, welch üblen Geruch die Person des Roi Soleil zu verbreiten pflegte, und schütteln den Kopf, wenn uns auf Isola bella die winzige Waschschüssel gezeigt wird, deren sich Napoleon bei seiner Morgentoilette bediente. Ja, wir sind nicht überrascht, wenn jemand den Gebrauch von Seife direkt als Kulturmesser aufstellt. Ähnlich ist es mit der Ordnung, die ebenso wie die Reinlichkeit sich ganz auf Menschenwerk bezieht. Aber während wir Reinlichkeit in der Natur nicht erwarten dürfen, ist die Ordnung vielmehr der Natur abgelauscht; die Beobachtung der großen astronomischen Regelmäßigkeiten hat dem Menschen nicht nur das Vorbild, sondern die ersten Anhaltspunkte für die Einführung der Ordnung in sein Leben gegeben. Die Ordnung ist eine Art Wiederholungszwang, die durch einmalige Einrichtung entscheidet, wann, wo und wie etwas getan werden soll, sodass man in jedem gleichen Falle Zögern und Schwanken erspart. Die Wohltat der Ordnung ist ganz unleugbar, sie ermöglicht dem Menschen die beste Ausnützung von Raum und Zeit, während sie seine psychischen Kräfte schont.

Man hätte ein Recht zu erwarten, dass sie sich von Anfang an und zwanglos im menschlichen Tun durchsetzt, und darf erstaunen, dass dies nicht der Fall ist, dass der Mensch vielmehr einen natürlichen Hang zur Nachlässigkeit, Unregelmäßigkeit und Unzuverlässigkeit in seiner Arbeit an den Tag legt und erst mühselig zur Nachahmung der himmlischen Vorbilder erzogen werden muss.

Schönheit, Reinlichkeit und Ordnung nehmen offenbar eine besondere Stellung unter den Kulturanforderungen ein. Niemand wird behaupten, dass sie ebenso lebenswichtig seien wie die Beherrschung der Naturkräfte und andere Momente, die wir noch kennen lernen sollen, und doch wird niemand gern sie als Nebensächlichkeiten zurückstellen wollen. Dass die Kultur nicht allein auf Nutzen bedacht ist, zeigt schon das Beispiel der Schönheit, die wir unter den Interessen der Kultur nicht vermissen wollen. Der Nutzen der Ordnung ist ganz offenbar; bei der Reinlichkeit haben wir zu bedenken, dass sie auch von der Hygiene gefordert wird, und können vermuten, dass dieser Zusammenhang den Menschen auch vor der Zeit einer wissenschaftlichen Krankheitsverhütung nicht ganz fremd war. Aber der Nutzen erklärt uns das Streben nicht ganz; es muss noch etwas anderes im Spiele sein.

Durch keinen anderen Zug vermeinen wir aber die Kultur besser zu kennzeichnen, als durch die Schätzung und Pflege der höheren psychischen Tätigkeiten, der intellektuellen, wissenschaftlichen und künstlerischen Leistungen, der führenden Rolle, welche den Ideen im Leben der Menschen eingeräumt wird. Unter diesen Ideen stehen obenan die religiösen Systeme, auf deren verwickelten Aufbau ich an anderer Stelle Licht zu werfen versuchte; neben ihnen die philosophischen Spekulationen und endlich, was man die Idealbildungen der Menschen heißen kann, ihre Vorstellungen von einer möglichen Vollkommenheit der einzelnen Person, des

Volkes, der ganzen Menschheit und die Anforderungen, die sie auf Grund solcher Vorstellungen erheben. Dass diese Schöpfungen nicht unabhängig voneinander sind, vielmehr innig untereinander verwoben, erschwert sowohl ihre Darstellung wie ihre psychologische Ableitung. Wenn wir ganz allgemein annehmen, die Triebfeder aller menschlichen Tätigkeiten sei das Streben nach den beiden zusammenfließenden Zielen, Nutzen und Lustgewinn, so müssen wir dasselbe auch für die hier angeführten kulturellen Äußerungen gelten lassen, obwohl es nur für die wissenschaftliche und künstlerische Tätigkeit leicht ersichtlich ist. Man kann aber nicht bezweifeln, dass auch die anderen starken Bedürfnissen der Menschen entsprechen, vielleicht solchen, die nur bei einer Minderzahl entwickelt sind. Auch darf man sich nicht durch Werturteile über einzelne dieser religiösen, philosophischen Systeme und dieser Ideale beirren lassen; ob man die höchste Leistung des Menschengeistes in ihnen sucht oder ob man sie als Verirrungen beklagt, man muss anerkennen, dass ihr Vorhandensein, besonders ihre Vorherrschaft, einen Hochstand der Kultur bedeutet.

Als letzten, gewiss nicht unwichtigsten Charakterzug einer Kultur haben wir zu würdigen, in welcher Weise die Beziehungen der Menschen zueinander, die sozialen Beziehungen, geregelt sind, die den Menschen als Nachbarn, als Hilfskraft, als Sexualobjekt eines anderen, als Mitglied einer Familie, eines Staates betreffen. Es wird hier besonders schwer, sich von bestimmten Idealforderungen frei zu halten und das, was überhaupt kulturell ist, zu erfassen. Vielleicht beginnt man mit der Erklärung, das kulturelle Element sei mit dem ersten Versuch, diese sozialen Beziehungen zu regeln, gegeben. Unterbliebe ein solcher Versuch, so wären diese Beziehungen der

Willkür des Einzelnen unterworfen, d.h. der physisch Stärkere würde sie im Sinne seiner Interessen und Triebregungen entscheiden. Daran änderte sich nichts, wenn dieser Stärkere seinerseits einen einzelnen noch Stärkeren fände. Das menschliche Zusammenleben wird erst ermöglicht, wenn sich eine Mehrheit zusammenfindet, die stärker ist als jeder Einzelne und gegen jeden Einzelnen zusammenhält. Die Macht dieser Gemeinschaft stellt sich nun als „Recht" der Macht des Einzelnen, die als „rohe Gewalt" verurteilt wird, entgegen. Diese Ersetzung der Macht des Einzelnen durch die der Gemeinschaft ist der entscheidende kulturelle Schritt. Ihr Wesen besteht darin, dass sich die Mitglieder der Gemeinschaft in ihren Befriedigungsmöglichkeiten beschränken, während der Einzelne keine solche Schranke kannte. Die nächste kulturelle Anforderung ist also die der Gerechtigkeit, d.h. die Versicherung, dass die einmal gegebene Rechtsordnung nicht wieder zu Gunsten eines Einzelnen durchbrochen werde. Über den ethischen Wert eines solchen Rechts wird hiermit nicht entschieden. Der weitere Weg der kulturellen Entwicklung scheint dahin zu streben, dass dieses Recht nicht mehr der Willensausdruck einer kleinen Gemeinschaft – Kaste, Bevölkerungsschicht, eines Volksstammes – sei, welche sich zu anderen und vielleicht umfassenderen solchen Massen wieder wie ein gewalttätiges Individuum verhält. Das Endergebnis soll ein Recht sein, zu dem alle – wenigstens alle Gemeinschaftsfähigen – durch ihre Triebopfer beigetragen haben und das keinen – wiederum mit der gleichen Ausnahme – zum Opfer der rohen Gewalt werden lässt.

Die individuelle Freiheit ist kein Kulturgut. Sie war am größten vor jeder Kultur, allerdings damals meist ohne Wert, weil das Individuum kaum imstande war, sie zu verteidigen. Durch die Kulturentwicklung erfährt sie Einschränkungen, und die Gerechtigkeit fordert, dass keinem diese Einschränkungen erspart werden. Was sich in einer menschlichen Gemeinschaft als Freiheitsdrang rührt, kann Auflehnung gegen eine bestehende Ungerechtigkeit sein und so einer weiteren Entwicklung der Kultur günstig werden, mit der Kultur verträglich bleiben. Es kann aber auch dem Rest der ursprünglichen, von der Kultur ungebändigten Persönlichkeit entstammen und so Grundlage der Kulturfeindseligkeit werden. Der Freiheitsdrang richtet sich also gegen bestimmte Formen und Ansprüche der Kultur oder gegen Kultur überhaupt. Es scheint nicht, dass man den Menschen durch irgendwelche Beeinflussung dazu bringen kann, seine Natur in die eines Termiten umzuwandeln, er wird wohl immer seinen Anspruch auf individuelle Freiheit gegen den Willen der Masse verteidigen. Ein gut Teil des Ringens der Menschheit staut sich um die eine Aufgabe, einen zweckmäßigen, d.h. beglückenden Ausgleich zwischen diesen individuellen und den kulturellen Massenansprüchen zu finden, es ist eines ihrer Schicksalsprobleme, ob dieser Ausgleich durch eine bestimmte Gestaltung der Kultur erreichbar oder ob der Konflikt unversöhnlich ist.

Indem wir uns vom gemeinen Empfinden sagen ließen, welche Züge im Leben der Menschen kulturell zu nennen sind, haben wir einen deutlichen Eindruck vom Gesamtbild der Kultur bekommen, freilich zunächst nichts erfahren, was nicht allgemein bekannt ist. Dabei haben wir uns gehütet, dem Vorurteil beizustimmen, Kultur sei gleichbedeutend mit Vervollkommnung, sei der Weg zur Vollkommenheit, die dem Menschen vorgezeichnet ist. Nun aber drängt sich uns eine Auffassung auf, die vielleicht anderswohin führt. Die Kulturentwicklung erscheint uns als ein eigenartiger Prozess, der über die Menschheit abläuft, an dem uns manches wie vertraut anmutet. Diesen Prozess können wir durch die Veränderungen charakterisieren, die er mit den bekannten menschlichen Triebanlagen vornimmt, deren Befriedigung doch die ökonomische Aufgabe unseres Lebens ist. Einige dieser Triebe werden in solcher Weise aufgezehrt, dass an ihrer Stelle etwas auftritt, was wir beim Einzelindividuum als Charaktereigenschaft beschreiben. Das merkwürdigste Beispiel dieses Vorganges haben wir an der Analerotik des jugendlichen Menschen gefunden. Sein ursprüngliches Interesse an der Exkretionsfunktion, ihren Organen und Produkten wandelt sich im Lauf des Wachstums in die Gruppe von Eigenschaften um, die uns als Sparsamkeit, Sinn für Ordnung und Reinlichkeit bekannt sind, die, an und für sich wertvoll und willkommen, sich zu auffälliger Vorherrschaft steigern können und dann das ergeben, was man den Analcharakter heißt. Wie das zugeht, wissen wir nicht, an der Richtigkeit dieser Auffassung ist kein Zweifel.[11]

Nun haben wir gefunden, dass Ordnung und Reinlichkeit wesentliche Kulturansprüche sind, obgleich ihre Lebensnotwendigkeit nicht gerade einleuchtet, ebenso wenig wie ihre Eignung als Genussquellen. An dieser Stelle musste sich uns die Ähnlichkeit des Kulturprozesses mit der Libidoentwicklung des Einzelnen zuerst aufdrängen. Andere Triebe werden dazu veranlasst, die Bedingungen ihrer Befriedigung zu verschieben, auf andere Wege zu verlegen, was in den meisten Fällen mit der uns wohlbekannten Sublimierung (der Triebziele) zusammenfällt,

11 S. Charakter und Analerotik, 1908 (Ges. Schriften, Bd. V) und zahlreiche weitere Beiträge von E. Jones u. a.

in anderen sich noch von ihr sondern lässt. Die Triebsublimierung ist ein besonders hervorstechender Zug der Kulturentwicklung, sie macht es möglich, dass höhere psychische Tätigkeiten, wissenschaftliche, künstlerische, ideologische, eine so bedeutsame Rolle im Kulturleben spielen. Wenn man dem ersten Eindruck nachgibt, ist man versucht zu sagen, die Sublimierung sei überhaupt ein von der Kultur erzwungenes Triebschicksal. Aber man tut besser, sich das noch länger zu überlegen. Drittens endlich, und das scheint das Wichtigste, ist es unmöglich zu übersehen, in welchem Ausmaß die Kultur auf Triebverzicht aufgebaut ist, wie sehr sie gerade die Nichtbefriedigung (Unterdrückung, Verdrängung oder sonst etwas?) von mächtigen Trieben zur Voraussetzung hat. Diese „Kulturversagung" beherrscht das große Gebiet der sozialen Beziehungen der Menschen; wir wissen bereits, sie ist die Ursache der Feindseligkeit, gegen die alle Kulturen zu kämpfen haben. Sie wird auch an unsere wissenschaftliche Arbeit schwere Anforderungen stellen, wir haben da viel Aufklärung zu geben. Es ist nicht leicht zu verstehen, wie man es möglich macht, einem Trieb die Befriedigung zu entziehen. Es ist gar nicht so ungefährlich; wenn man es nicht ökonomisch kompensiert, kann man sich auf ernste Störungen gefasst machen.

Wenn wir aber wissen wollen, welchen Wert unsere Auffassung der Kulturentwicklung als eines besonderen Prozesses, vergleichbar der normalen Reifung des Individuums, beanspruchen kann, müssen wir offenbar ein anderes Problem in Angriff nehmen, uns die Frage stellen, welchen Einflüssen die Kulturentwicklung ihren Ursprung dankt, wie sie entstanden ist und wodurch ihr Lauf bestimmt wurde.

IV

Diese Aufgabe scheint übergroß, man darf seine Verzagtheit eingestehen. Hier das Wenige, was ich erraten konnte.

Nachdem der Urmensch entdeckt hatte, dass es – wörtlich so verstanden – in seiner Hand lag, sein Los auf der Erde durch Arbeit zu verbessern, konnte es ihm nicht gleichgültig sein, ob ein anderer mit oder gegen ihn arbeitete. Der andere gewann für ihn den Wert des Mitarbeiters, mit dem zusammen zu leben nützlich war. Noch vorher, in seiner affenähnlichen Vorzeit, hatte er die Gewohnheit angenommen, Familien zu bilden; die Mitglieder der Familie waren wahrscheinlich seine ersten Helfer. Vermutlich hing die Gründung der Familie damit zusammen, dass das Bedürfnis genitaler Befriedigung nicht mehr wie ein Gast auftrat, der plötzlich bei einem erscheint und nach seiner Abreise lange nichts mehr von sich hören lässt, sondern sich als Dauermieter beim Einzelnen niederließ. Damit bekam das Männchen ein Motiv, das Weib oder allgemeiner: die Sexualobjekte bei sich zu behalten; die Weibchen, die sich von ihren hilflosen Jungen nicht trennen wollten, mussten auch in deren Interesse beim stärkeren Männchen bleiben.[12]

---

12 Die organische Periodizität des Sexualvorgangs ist zwar erhalten geblieben, aber ihr Einfluss auf die psychische Sexualerregung hat sich eher ins Gegenteil verkehrt. Diese Veränderung hängt am ehesten zusammen mit dem Zurücktreten der Geruchsreize, durch welche der Menstruationsvorgang auf die männliche Psyche einwirkte. Deren Rolle wurde von Gesichtserregungen übernommen, die im Gegensatz zu den intermittierenden Geruchsreizen eine permanente Wirkung unterhalten konnten. Das Tabu der Menstruation entstammt dieser „organischen Verdrängung“ als Abwehr einer überwundenen Entwicklungsphase; alle anderen Motivierungen sind wahrscheinlich sekundärer Natur. (Vgl. G. D. Daly, Hindumythologie und Kastrationskomplex, Imago XIII, 1927). Dieser Vorgang wiederholt sich auf anderem Niveau, wenn die Götter einer überholten Kulturperiode

In dieser primitiven Familie vermissen wir noch einen wesentlichen Zug der Kultur; die Willkür des Oberhauptes und Vaters war unbeschränkt. In „Totem und Tabu" habe

---

zu Dämonen werden. Das Zurücktreten der Geruchsreize scheint aber selbst Folge der Abwendung des Menschen von der Erde, des Entschlusses zum aufrechten Gang, der nun die bisher gedeckten Genitalien sichtbar und schutzbedürftig macht und so das Schämen hervorruft. Am Beginne des verhängnisvollen Kulturprozesses stünde also die Aufrichtung des Menschen. Die Verkettung läuft von hier aus über die Entwertung der Geruchsreize und die Isolierung der Periode zum Übergewicht der Gesichtsreize, Sichtbarwerden der Genitalien, weiter zur Kontinuität der Sexualerregung, Gründung der Familie und damit zur Schwelle der menschlichen Kultur. Dies ist nur eine theoretische Spekulation, aber wichtig genug, um eine exakte Nachprüfung an den Lebensverhältnissen der dem Menschen nahe stehenden Tiere zu verdienen.
Auch in dem Kulturstreben nach Reinlichkeit, das in hygienischen Rücksichten eine nachträgliche Rechtfertigung findet, aber sich bereits vor dieser Einsicht geäußert hat, ist ein soziales Moment unverkennbar. Der Antrieb zur Reinlichkeit entspringt dem Drang nach Beseitigung der Exkremente, die der Sinneswahrnehmung unangenehm geworden sind. Wir wissen, dass es in der Kinderstube anders ist. Die Exkremente erregen beim Kinde keinen Abscheu, erscheinen ihm als losgelöster Teil seines Körpers wertvoll. Die Erziehung dringt hier besonders energisch auf die Beschleunigung des bevorstehenden Entwicklungsganges, der die Exkremente wertlos, ekelhaft, abscheulich und verwerflich machen soll. Eine solche Umwertung wäre kaum möglich, wenn diese dem Körper entzogenen Stoffe nicht durch ihre starken Gerüche verurteilt wären, an dem Schicksal teilzunehmen, das nach der Aufrichtung des Menschen vom Boden den Geruchsreizen vorbehalten ist. Die Analerotik erliegt also zunächst der „organischen Verdrängung", die den Weg zur Kultur gebahnt hat. Der soziale Faktor, der die weitere Umwandlung der Analerotik besorgt, bezeugt sich durch die Tatsache, dass trotz aller Entwicklungsfortschritte dem Menschen der Geruch der eigenen Exkremente kaum anstößig ist, immer nur der der Ausscheidungen des Anderen. Der Unreinliche, d h. der, der seine Exkremente nicht verbirgt, beleidigt also den Anderen, zeigt keine Rücksicht für ihn, und dasselbe besagen ja auch die kräftigsten, gebräuchlichsten Beschimpfungen. Es wäre auch unverständlich, dass der Mensch den Namen seines treuesten Freundes in der Tierwelt als Schimpfwort verwendet, wenn der Hund nicht durch zwei Eigenschaften die Verachtung des Menschen auf sich zöge: dass er ein Geruchstier ist, das sich vor Exkrementen nicht scheut, und dass er sich seiner sexuellen Funktionen nicht schämt.

ich versucht, den Weg aufzuzeigen, der von dieser Familie zur nächsten Stufe des Zusammenlebens in Form der Brüderbünde führte. Bei der Überwältigung des Vaters hatten die Söhne die Erfahrung gemacht, dass eine Vereinigung stärker sein kann als der Einzelne. Die totemistische Kultur ruht auf den Einschränkungen, die sie zur Aufrechthaltung des neuen Zustandes einander auferlegen mussten. Die Tabuvorschriften waren das erste „Recht". Das Zusammenleben der Menschen war also zweifach begründet durch den Zwang zur Arbeit, den die äußere Not schuf, und durch die Macht der Liebe, die vonseiten des Mannes das Sexualobjekt im Weibe, vonseiten des Weibes das von ihr abgelöste Teilstück des Kindes nicht entbehren wollte. Eros und Ananke sind auch die Eltern der menschlichen Kultur geworden. Der erste Kulturerfolg war, dass nun auch eine größere Anzahl von Menschen in Gemeinschaft bleiben konnte. Und da beide großen Mächte dabei zusammenwirkten, könnte man erwarten, dass sich die weitere Entwicklung glatt vollziehen würde, zu immer besserer Beherrschung der Außenwelt wie zur weiteren Ausdehnung der von der Gemeinschaft umfassten Menschenzahl. Man versteht auch nicht leicht, wie diese Kultur auf ihre Teilnehmer anders als beglückend wirken kann.

Ehe wir noch untersuchen, woher eine Störung kommen kann, lassen wir uns durch die Anerkennung der Liebe als einer Grundlage der Kultur ablenken, um eine Lücke in einer früheren Erörterung auszufüllen. Wir sagten, die Erfahrung, dass die geschlechtliche (genitale) Liebe dem Menschen die stärksten Befriedigungserlebnisse gewähre, ihm eigentlich das Vorbild für alles Glück gebe, müsste es nahegelegt haben, die Glücksbefriedigung im Leben auch weiterhin auf dem Gebiet der geschlechtlichen Beziehungen zu suchen, die genitale Erotik in den

Mittelpunkt des Lebens zu stellen. Wir setzten fort, dass man sich auf diesem Wege in bedenklichster Weise von einem Stück der Außenwelt, nämlich vom gewählten Liebesobjekt, abhängig mache und dem stärksten Leiden aussetze, wenn man von diesem verschmäht werde oder es durch Untreue oder Tod verliere. Die Weisen aller Zeiten haben darum nachdrücklichst von diesem Lebensweg abgeraten; er hat dennoch für eine große Anzahl von Menschenkindern seine Anziehung nicht verloren.

Einer geringen Minderzahl wird es durch ihre Konstitution ermöglicht, das Glück doch auf dem Wege der Liebe zu finden, wobei aber weitgehende seelische Abänderungen der Liebesfunktion unerlässlich sind. Diese Personen machen sich von der Zustimmung des Objekts unabhängig, indem sie den Hauptwert vom Geliebtwerden auf das eigene Lieben verschieben, sie schützen sich gegen dessen Verlust, indem sie ihre Liebe nicht auf einzelne Objekte, sondern in gleichem Maße auf alle Menschen richten, und sie vermeiden die Schwankungen und Enttäuschungen der genitalen Liebe dadurch, dass sie von deren Sexualziel ablenken, den Trieb in eine zielgehemmte Regung verwandeln. Was sie auf diese Art bei sich zustande bringen, der Zustand eines gleichschwebenden, unbeirrbaren, zärtlichen Empfindens, hat mit dem stürmisch bewegten, genitalen Liebesleben, von dem es doch abgeleitet ist, nicht mehr viel äußere Ähnlichkeit. Der heilige Franziskus von Assisi mag es in dieser Ausnützung der Liebe für das innere Glücksgefühl am weitesten gebracht haben; was wir als eine der Techniken der Erfüllung des Lustprinzips erkennen, ist auch vielfach in Beziehung zur Religion gebracht worden, mit der es in jenen entlegenen Regionen zusammenhängen mag, wo die Unterscheidung des Ichs von den Objekten und dieser voneinander vernachlässigt wird. Eine ethische Betrachtung, deren tiefere Motivierung uns noch offenbar werden wird, will in dieser Bereitschaft zur allgemeinen Menschen- und Weltliebe die höchste Einstellung sehen, zu der sich der Mensch erheben kann. Wir möchten schon hier unsere zwei hauptsächlichen Bedenken nicht zurückhalten. Eine Liebe, die nicht auswählt, scheint uns einen Teil ihres eigenen Wertes einzubüßen, indem sie an dem Objekt ein Unrecht tut. Und weiter: Es sind nicht alle Menschen liebenswert.

Jene Liebe, welche die Familie gründete, bleibt in ihrer ursprünglichen Ausprägung, in der sie auf direkte sexuelle Befriedigung nicht verzichtet, und in ihrer Modifikation als zielgehemmte Zärtlichkeit in der Kultur weiter wirksam. In beiden Formen setzt sie ihre Funktion fort, eine größere Anzahl von Menschen aneinander zu binden und in intensiverer Art, als es dem Interesse der Arbeitsgemeinschaft gelingt. Die Nachlässigkeit der Sprache in der Anwendung des Wortes „Liebe" findet eine genetische Rechtfertigung. Liebe nennt man die Beziehung zwischen Mann und Weib, die aufgrund ihrer genitalen Bedürfnisse eine Familie gegründet haben, Liebe aber auch die positiven Gefühle zwischen Eltern und Kindern, zwischen den Geschwistern in der Familie, obwohl wir diese Beziehung als zielgehemmte Liebe, als Zärtlichkeit, beschreiben müssen. Die zielgehemmte Liebe war eben ursprünglich vollsinnliche Liebe und ist es im Unbewussten des Menschen noch immer. Beide, vollsinnliche und zielgehemmte Liebe greifen über die Familie hinaus und stellen neue Bindungen an bisher Fremde her. Die genitale Liebe führt zu neuen Familienbildungen, die zielgehemmte zu „Freundschaften", welche kulturell wichtig werden, weil sie manchen Beschränkungen der genitalen Liebe, z.B.

deren Ausschließlichkeit, entgehen. Aber das Verhältnis der Liebe zur Kultur verliert im Verlaufe der Entwicklung seine Eindeutigkeit. Einerseits widersetzt sich die Liebe den Interessen der Kultur, andererseits bedroht die Kultur die Liebe mit empfindlichen Einschränkungen.

Diese Entzweiung scheint unvermeidlich; ihr Grund ist nicht sofort zu erkennen. Sie äußert sich zunächst als ein Konflikt zwischen der Familie und der größeren Gemeinschaft, der der Einzelne angehört. Wir haben bereits erraten, dass es eine der Hauptbestrebungen der Kultur ist, die Menschen zu großen Einheiten zusammenzuballen. Die Familie will aber das Individuum nicht freigeben. Je inniger der Zusammenhalt der Familienmitglieder ist, desto mehr sind sie oft geneigt, sich von anderen abzuschließen, desto schwieriger wird ihnen der Eintritt in den größeren Lebenskreis. Die phylogenetisch ältere, in der Kindheit allein bestehende Weise des Zusammenlebens wehrt sich, von der später erworbenen kulturellen abgelöst zu werden. Die Ablösung von der Familie wird für jeden Jugendlichen zu einer Aufgabe, bei deren Lösung ihn die Gesellschaft oft durch Pubertäts- und Aufnahmsriten unterstützt. Man gewinnt den Eindruck, dies seien Schwierigkeiten, die jeder psychischen, ja, im Grunde auch jeder organischen Entwicklung anhängen.

Ferner treten bald die Frauen in einen Gegensatz zur Kulturströmung und entfalten ihren verzögernden und zurückhaltenden Einfluss, dieselben, die anfangs durch die Forderungen ihrer Liebe das Fundament der Kultur gelegt hatten. Die Frauen vertreten die Interessen der Familie und des Sexuallebens; die Kulturarbeit ist immer mehr Sache der Männer geworden, stellt ihnen immer schwierigere Aufgaben, nötigt sie zu Triebsublimierungen, denen die Frauen wenig gewachsen sind.

Da der Mensch nicht über unbegrenzte Quantitäten psychischer Energie verfügt, muss er seine Aufgaben durch zweckmäßige Verteilung der Libido erledigen. Was er für kulturelle Zwecke verbraucht, entzieht er großenteils den Frauen und dem Sexualleben: das beständige Zusammensein mit Männern, seine Abhängigkeit von den Beziehungen zu ihnen entfremden ihn sogar seinen Aufgaben als Ehemann und Vater. So sieht sich die Frau durch die Ansprüche der Kultur in den Hintergrund gedrängt und tritt zu ihr in ein feindliches Verhältnis.

Vonseiten der Kultur ist die Tendenz zur Einschränkung des Sexuallebens nicht minder deutlich als die andere zur Ausdehnung des Kulturkreises. Schon die erste Kulturphase, die des Totemismus, bringt das Verbot der inzestuösen Objektwahl mit sich, vielleicht die einschneidendste Verstümmelung, die das menschliche Liebesleben im Laufe der Zeiten erfahren hat. Durch Tabu, Gesetz und Sitte werden weitere Einschränkungen hergestellt, die sowohl die Männer als auch die Frauen betreffen. Nicht alle Kulturen gehen darin gleich weit; die wirtschaftliche Struktur der Gesellschaft beeinflusst auch das Maß der restlichen Sexualfreiheit. Wir wissen schon, dass die Kultur dabei dem Zwang der ökonomischen Notwendigkeit folgt, da sie der Sexualität einen großen Betrag der psychischen Energie entziehen muss, die sie selbst verbraucht. Dabei benimmt sich die Kultur gegen die Sexualität wie ein Volksstamm oder eine Schicht der Bevölkerung, die eine andere ihrer Ausbeutung unterworfen hat. Die Angst vor dem Aufstand der Unterdrückten treibt zu strengeren Vorsichtsmaßregeln. Einen Höhepunkt solcher Entwicklung zeigt unsere westeuropäische Kultur. Es ist psychologisch durchaus berechtigt, dass sie damit einsetzt, die Äußerungen des kindlichen Sexuallebens zu verpönen, denn die Eindämmung der sexuellen Gelüste des Erwachsenen hat keine Aussicht, wenn ihr nicht in der Kindheit vorgearbeitet wurde. Nur lässt es sich auf keine Art rechtfertigen, dass die Kulturgesellschaft so weit gegangen ist, diese leicht nachweisbaren, ja auffälligen Phänomene auch zu leugnen. Die Objektwahl des geschlechtsreifen Individuums wird auf das gegenteilige Geschlecht eingeengt, die meisten außergenitalen Befriedigungen als Perversionen untersagt. Die in diesen Verboten kundgegebene Forderung eines für alle gleichartigen Sexuallebens setzt sich über die Ungleichheiten in der angeborenen und erworbenen Sexualkonstitution der Menschen hinaus, schneidet eine ziemliche Anzahl von ihnen vom Sexualgenuss ab und wird so die Quelle schwerer Ungerechtigkeit. Der Erfolg dieser einschränkenden Maßregeln könnte nun sein, dass bei denen, die normal, die nicht konstitutionell daran verhindert sind, alles Sexualinteresse ohne Einbuße in die offen gelassenen Kanäle einströmt. Aber was von der Ächtung frei bleibt, die heterosexuelle, genitale Liebe, wird durch die Beschränkungen der Legitimität und der Einehe weiter beeinträchtigt. Die heutige Kultur gibt deutlich zu erkennen, dass sie sexuelle Beziehungen nur aufgrund einer einmaligen, unauflösbaren Bindung eines Mannes an ein Weib gestatten will, dass sie die Sexualität als selbstständige Lustquelle nicht mag und sie nur als bisher unersetzte Quelle für die Vermehrung der Menschen zu dulden gesinnt ist.

Das ist natürlich ein Extrem. Es ist bekannt, dass es sich als undurchführbar, selbst für kürzere Zeiten, erwiesen hat. Nur die Schwächlinge haben sich einem so weitgehenden Einbruch in ihre Sexualfreiheit gefügt, stärkere Naturen nur unter einer kompensierenden Bedingung, von der später die Rede sein kann. Die Kulturgesellschaft hat sich genötigt gesehen, viele Überschreitungen stillschweigend zuzulassen, die sie nach ihren Satzungen hätte verfolgen müssen. Doch darf man nicht nach der anderen Seite irre gehen und annehmen, eine solche kulturelle Einstellung sei überhaupt harmlos, weil sie nicht alle ihre Absichten erreiche. Das Sexualleben des Kulturmenschen ist doch schwer geschädigt, es macht mitunter den Eindruck einer in Rückbildung befindlichen Funktion, wie unser Gebiss und unsere Kopfhaare als Organe zu sein scheinen. Man hat wahrscheinlich ein Recht anzunehmen, dass seine Bedeutung als Quelle von Glücksempfindungen, also in der Erfüllung unseres Lebenszweckes, empfindlich nachgelassen hat.[13] Manchmal glaubt man zu erkennen, es sei nicht allein der Druck der Kultur, sondern etwas am Wesen der Funktion selbst versage uns die volle Befriedigung und dränge uns auf andere Wege. Es mag ein Irrtum sein, es ist schwer zu entscheiden.[14]

---

13 Unter den Dichtungen des feinsinnigen Engländers J. Galsworthy, der sich heute allgemeiner Anerkennung erfreut, schätzte ich früh eine kleine Geschichte, betitelt: „The Appletree". Sie zeigt in eindringlicher Weise, wie im Leben des heutigen Kulturmenschen für die einfache, natürliche Liebe zweier Menschenkinder kein Raum mehr ist.

14 Folgende Bemerkungen, um die oben ausgesprochene Vermutung zu stützen: Auch der Mensch ist ein Tierwesen von unzweideutig bisexueller Anlage. Das Individuum entspricht einer Verschmelzung zweier symmetrischer Hälften, von denen nach Ansicht mancher Forscher die eine rein männlich, die andere weiblich ist. Ebensowohl ist es möglich, dass jede Hälfte ursprünglich hermaphroditisch war. Die Geschlechtlichkeit ist eine biologische Tatsache, die, obwohl von außerordentlicher Bedeutung für das Seelenleben, psychologisch schwer zu erfassen ist. Wir sind gewohnt zu sagen: Jeder Mensch zeige sowohl männliche als weibliche Triebregungen, Bedürfnisse, Eigenschaften, aber den Charakter des Männlichen und Weiblichen kann zwar die Anatomie, aber nicht die Psychologie aufzeigen. Für sie verblasst der geschlechtliche Gegensatz zu dem von Aktivität und Passivität, wobei wir allzu unbedenklich die Aktivität mit der Männlichkeit, die Passivität mit der Weiblichkeit zusammenfallen lassen, was sich in der Tierreihe keineswegs ausnahmslos bestätigt.

Die Lehre von der Bisexualität liegt noch sehr im Dunkeln, und dass sie noch keine Verknüpfung mit der Trieblehre gefunden hat, müssen wir in der Psychoanalyse als schwere Störung verspüren. Wie dem auch sein mag, wenn wir als tatsächlich annehmen, dass der Einzelne in seinem Sexualleben männliche wie weibliche Wünsche befriedigen will, sind wir für die Möglichkeit vorbereitet, dass diese Ansprüche nicht durch das nämliche Objekt erfüllt werden und dass sie einander stören, wenn es nicht gelingt, sie auseinanderzuhalten und jede Regung in eine besondere, ihr angemessene Bahn zu leiten. Eine andere Schwierigkeit ergibt sich daraus, dass der erotischen Beziehung außer der ihr eigenen sadistischen Komponente so häufig ein Betrag von direkter Aggressionsneigung beigesellt ist. Das Liebesobjekt wird diesen Komplikationen nicht immer soviel Verständnis und Toleranz entgegenbringen, wie jene Bäuerin, die sich beklagt, dass ihr Mann sie nicht mehr liebt, weil er sie seit einer Woche nicht mehr geprügelt hat.
Am tiefsten reicht aber die Vermutung, die an die Ausführungen in der Anmerkung S. XXX anknüpft, dass mit der Aufrichtung des Menschen und der Entwertung des Geruchssinnes die gesamte Sexualität, nicht nur die Analerotik ein Opfer der organischen Verdrängung zu werden drohte, so dass seither die sexuelle Funktion von einem weiter nicht zu begründenden Widerstreben begleitet wird, das eine volle Befriedigung verhindert und vom Sexualziel wegdrängt zu Sublimierungen und Libidoverschiebungen. Ich weiß, dass Bleuler („Der Sexualwiderstand". Jahrbuch für psychoanalyt. und psychopathol. Forschungen, Bd. V, 1913) einmal auf das Vorhandensein einer solchen ursprünglichen abweisenden Einstellung zum Sexualleben hingewiesen hat. An der Tatsache des „Inter urinas et faeces nascimur" nehmen alle Neurotiker und viele außer ihnen Anstoß. Die Genitalien erzeugen auch starke Geruchsempfindungen, die vielen Menschen unerträglich sind und ihnen den Sexualverkehr verleiden. So ergäbe sich als tiefste Wurzel der mit der Kultur fortschreitenden Sexualverdrängung die organische Abwehr der mit dem aufrechten Gang gewonnenen neuen Lebensform gegen die frühere animalische Existenz, ein Resultat wissenschaftlicher Erforschung, das sich in merkwürdiger Weise mit oft laut gewordenen banalen Vorurteilen deckt. Immerhin sind dies derzeit nur ungesicherte, von der Wissenschaft nicht erhärtete Möglichkeiten. Wir wollen auch nicht vergessen, dass trotz der unleugbaren Entwertung der Geruchsreize es selbst in Europa Völker gibt, die die starken, uns so widrigen Genitalgerüche als Reizmittel der Sexualität hochschätzen und auf sie nicht verzichten wollen. (Siehe die folkloristischen Erhebungen auf die „Umfrage" von Iwan Bloch „Über den Geruchssinn in der vita sexualis" in verschiedenen Jahrgängen der „Anthropophyteia" von Friedrich S. Krauß).

V

Die psychoanalytische Arbeit hat uns gelehrt, dass gerade diese Versagungen des Sexuallebens von den sogenannten Neurotikern nicht vertragen werden. Sie schaffen sich in ihren Symptomen Ersatzbefriedigungen, die aber entweder an sich Leiden schaffen oder Leidensquelle werden, indem sie ihnen Schwierigkeiten mit Umwelt und Gesellschaft bereiten. Das Letztere ist leicht verständlich, das andere gibt uns ein neues Rätsel auf. Die Kultur verlangt aber noch andere Opfer als an Sexualbefriedigung.

Wir haben die Schwierigkeit der Kulturentwicklung als eine allgemeine Entwicklungsschwierigkeit aufgefasst, indem wir sie auf die Trägheit der Libido zurückführten, auf deren Abneigung, eine alte Position gegen eine neue zu verlassen. Wir sagen ungefähr dasselbe, wenn wir den Gegensatz zwischen Kultur und Sexualität davon ableiten, dass die sexuelle Liebe ein Verhältnis zwischen zwei Personen ist, bei dem ein Dritter nur überflüssig oder störend sein kann, während die Kultur auf Beziehungen unter einer größeren Menschenanzahl ruht. Auf der Höhe eines Liebesverhältnisses bleibt kein Interesse für die Umwelt übrig; das Liebespaar genügt sich selbst, braucht auch nicht das gemeinsame Kind, um glücklich zu sein. In keinem anderen Falle verrät der Eros so deutlich den Kern seines Wesens, die Absicht aus mehreren eines zu machen, aber wenn er dies, wie es sprichwörtlich geworden ist, in der Verliebtheit zweier Menschen zueinander erreicht hat, will er darüber nicht hinausgehen.

Wir können uns bisher sehr gut vorstellen, dass eine Kulturgemeinschaft aus solchen Doppelindividuen bestünde, die in sich libidinös gesättigt, durch das Band der Arbeits- und Interessengemeinschaft miteinander verknüpft sind. In diesem Falle brauchte die Kultur der Sexualität keine Energie zu entziehen. Aber dieser wünschenswerte Zustand besteht nicht und hat niemals bestanden; die Wirklichkeit zeigt uns, dass die Kultur sich nicht mit den ihr bisher zugestandenen Bindungen begnügt, dass sie die Mitglieder der Gemeinschaft auch libidinös aneinander binden will, dass sie sich aller Mittel hiezu bedient, jeden Weg begünstigt, starke Identifizierungen unter ihnen herzustellen, im größten Ausmaße zielgehemmte Libido aufbietet, um die Gemeinschaftsbande durch Freundschaftsbeziehungen zu kräftigen. Zur Erfüllung dieser Absichten wird die Einschränkung des Sexuallebens unvermeidlich. Uns fehlt aber die Einsicht in die Notwendigkeit, welche die Kultur auf diesen Weg drängt und ihre Gegnerschaft zur Sexualität begründet. Es muss sich um einen, von uns noch nicht entdeckten, störenden Faktor handeln.

Eine der sogenannten Idealforderungen der Kulturgesellschaft kann uns hier die Spur zeigen. Sie lautet: Du sollst den Nächsten lieben wie dich selbst; sie ist weltberühmt, gewiss älter als das Christentum, das sie als seinen stolzesten Anspruch vorweist, aber sicherlich nicht sehr alt; in historischen Zeiten war sie den Menschen noch fremd. Wir wollen uns naiv zu ihr einstellen, als hörten wir von ihr zum ersten Mal. Dann können wir ein Gefühl von Überraschung und Befremden nicht unterdrücken. Warum sollen wir das?

Was soll es uns helfen? Vor allem aber, wie bringen wir das zustande? Wie wird es uns möglich? Meine Liebe ist etwas mir Wertvolles, das ich nicht ohne Rechenschaft verwerfen darf. Sie legt mir Pflichten auf, die ich mit Opfern zu erfüllen bereit sein muss. Wenn ich einen anderen liebe, muss er es auf irgendeine Art verdienen. (Ich sehe von dem Nutzen, den er mir bringen kann, sowie von seiner möglichen Bedeutung als Sexualobjekt für mich ab; diese beiden Arten der Beziehung kommen für die Vorschrift der Nächstenliebe nicht in Betracht.) Er verdient es, wenn er mir in wichtigen Stücken so ähnlich ist, dass ich in ihm mich selbst lieben kann; er verdient es, wenn er so viel vollkommener ist als ich, dass ich mein Ideal von meiner eigenen Person in ihm lieben kann; ich muss ihn lieben, wenn er der Sohn meines Freundes ist, denn der Schmerz des Freundes, wenn ihm ein Leid zustößt, wäre auch mein Schmerz, ich müsste ihn teilen. Aber wenn er mir fremd ist und mich durch keinen eigenen Wert, keine bereits erworbene Bedeutung für mein Gefühlsleben anziehen kann, wird es mir schwer, ihn zu lieben. Ich tue sogar Unrecht damit, denn meine Liebe wird von allen den Meinen als Bevorzugung geschätzt; es ist ein Unrecht an ihnen, wenn ich den Fremden ihnen gleichstelle. Wenn ich ihn aber lieben soll, mit jener Weltliebe, bloß weil er auch ein Wesen dieser Erde ist, wie das Insekt, der Regenwurm, die Ringelnatter, dann wird, fürchte ich, ein geringer Betrag Liebe auf ihn entfallen, unmöglich so viel, als ich nach dem Urteil der Vernunft berechtigt bin, für mich selbst zurückzubehalten. Wozu eine so feierlich auftretende Vorschrift, wenn ihre Erfüllung sich nicht als vernünftig empfehlen kann?

Wenn ich näher zusehe, finde ich noch mehr Schwierigkeiten. Dieser Fremde ist nicht nur im Allgemeinen nicht liebenswert, ich muss ehrlich bekennen, er hat mehr Anspruch auf meine Feindseligkeit, sogar auf meinen Hass. Er scheint nicht die mindeste Liebe für mich zu haben, bezeigt mir nicht die geringste Rücksicht. Wenn es ihm einen Nutzen bringt, hat er kein Bedenken, mich zu schädigen, fragt sich dabei auch nicht, ob die Höhe seines

Nutzens der Größe des Schadens, den er mir zufügt, entspricht. Ja, er braucht nicht einmal einen Nutzen davon zu haben; wenn er nur irgendeine Lust damit befriedigen kann, macht er sich nichts daraus, mich zu verspotten, zu beleidigen, zu verleumden, seine Macht an mir zu zeigen, und je sicherer er sich fühlt, je hilfloser ich bin, desto sicherer darf ich dies Benehmen gegen mich von ihm erwarten. Wenn er sich anders verhält, wenn er mir als Fremdem Rücksicht und Schonung erweist, bin ich ohnedies, ohne jene Vorschrift, bereit, es ihm in ähnlicher Weise zu vergelten. Ja, wenn jenes großartige Gebot lauten würde: Liebe deinen Nächsten wie dein Nächster dich liebt, dann würde ich nicht widersprechen. Es gibt ein zweites Gebot, das mir noch unfassbarer scheint und ein noch heftigeres Sträuben in mir entfesselt. Es heißt: Liebe deine Feinde. Wenn ich's recht überlege, habe ich unrecht, es als eine noch stärkere Zumutung abzuweisen. Es ist im Grunde dasselbe.[15]

Ich glaube nun von einer würdevollen Stimme die Mahnung zu hören: Eben darum, weil der Nächste nicht liebenswert und eher dein Feind ist, sollst du ihn lieben wie dich selbst. Ich verstehe dann, das ist ein ähnlicher Fall wie das *Credo quia absurdum.*

---

15 Ein großer Dichter darf sich gestatten, schwer verpönte psychologische Wahrheiten wenigstens scherzend zum Ausdruck zu bringen. So gesteht H. Heine: „Ich habe die friedlichste Gesinnung. Meine Wünsche sind: eine bescheidene Hütte, ein Strohdach, aber ein gutes Bett, gutes Essen, Milch und Butter, sehr frisch, vor dem Fenster Blumen, vor der Tür einige schöne Bäume, und wenn der liebe Gott mich ganz glücklich machen will, lässt er mich die Freude erleben, dass an diesen Bäumen etwa sechs bis sieben meiner Feinde aufgehängt werden. Mit gerührtem Herzen werde ich ihnen vor ihrem Tode alle Unbill verzeihen, die sie mir im Leben zugefügt – ja man muss seinen Feinden verzeihen, aber nicht früher, als bis sie gehenkt werden." (Heine, Gedanken und Einfälle.)

Es ist nun sehr wahrscheinlich, dass der Nächste, wenn er aufgefordert wird, mich so zu lieben wie sich selbst, genau so antworten wird wie ich und mich mit den nämlichen Begründungen abweisen wird. Ich hoffe, nicht mit demselben objektiven Recht, aber dasselbe wird auch er meinen. Immerhin gibt es Unterschiede im Verhalten der Menschen, die die Ethik mit Hinwegsetzung über deren Bedingtheit als „gut" und „böse" klassifiziert. Solange diese unleugbaren Unterschiede nicht aufgehoben sind, bedeutet die Befolgung der hohen, ethischen Forderungen eine Schädigung der Kulturabsichten, indem sie direkte Prämien für das Bösesein aufstellt. Man kann hier die Erinnerung an einen Vorgang nicht abweisen, der sich in der französischen Kammer zutrug, als über die Todesstrafe verhandelt wurde; ein Redner hatte sich leidenschaftlich für ihre Abschaffung eingesetzt und erntete stürmischen Beifall, bis eine Stimme aus dem Saale die Worte dazwischenrief: *„Que messieurs les assassins commencent!"*

Das gern verleugnete Stück Wirklichkeit hinter alledem ist, dass der Mensch nicht ein sanftes, liebebedürftiges Wesen ist, das sich, wenn angegriffen, auch zu verteidigen vermag, sondern dass er zu seinen Triebbegabungen auch einen mächtigen Anteil von Aggressionsneigung rechnen darf. Infolgedessen ist ihm der Nächste nicht nur möglicher Helfer und Sexualobjekt, sondern auch eine Versuchung, seine Aggression an ihm zu befriedigen, seine Arbeitskraft ohne Entschädigung auszunützen, ihn ohne seine Einwilligung sexuell zu gebrauchen, sich in den Besitz seiner Habe zu setzen, ihn zu demütigen, ihm Schmerzen zu bereiten, zu martern und zu töten. *Homo homini lupus*; wer hat nach allen Erfahrungen des Lebens und der Geschichte den Mut, diesen Satz zu bestreiten?

Diese grausame Aggression wartet in der Regel eine Provokation ab oder stellt sich in den Dienst einer anderen Absicht, deren Ziel auch mit milderen Mitteln zu erreichen wäre. Unter ihr günstigen Umständen, wenn die seelischen Gegenkräfte, die sie sonst hemmen, weggefallen sind, äußert sie sich auch spontan, enthüllt den Menschen als wilde Bestie, der die Schonung der eigenen Art fremd ist. Wer die Gräuel der Völkerwanderung, der Einbrüche der Hunnen, der sogenannten Mongolen unter Dschingis Khan und Timurlenk, der Eroberung Jerusalems durch die frommen Kreuzfahrer, ja, selbst noch die Schrecken des letzten Weltkrieges in seine Erinnerung ruft, wird sich vor der Tatsächlichkeit dieser Auffassung demütig beugen müssen.

Die Existenz dieser Aggressionsneigung, die wir bei uns selbst verspüren können, beim anderen mit Recht voraussetzen, ist das Moment, das unser Verhältnis zum Nächsten stört und die Kultur zu ihrem Aufwand nötigt. Infolge dieser primären Feindseligkeit der Menschen füreinander ist die Kulturgesellschaft beständig vom Zerfall bedroht. Das Interesse der Arbeitsgemeinschaft würde sie nicht zusammenhalten, triebhafte Leidenschaften sind stärker als vernünftige Interessen. Die Kultur muss alles aufbieten, um den Aggressionstrieben der Menschen Schranken zu setzen, ihre Äußerungen durch psychische Reaktionsbildungen niederzuhalten. Daher also das Aufgebot von Methoden, die die Menschen zu Identifizierungen und zielgehemmten Liebesbeziehungen antreiben sollen, daher die Einschränkung des Sexuallebens und daher auch das Idealgebot, den Nächsten so zu lieben wie sich selbst, das sich wirklich dadurch rechtfertigt, dass nichts anderes der ursprünglichen menschlichen Natur so sehr zuwiderläuft. Durch alle ihre Mühen hat diese Kulturstrebung bisher nicht sehr viel erreicht. Die gröbsten Ausschreitungen der brutalen Gewalt hofft sie zu verhüten, indem sie sich selbst das Recht beilegt, an den Verbrechern Gewalt zu üben, aber die vorsichtigeren und feineren Äußerungen der menschlichen Aggression vermag das Gesetz nicht zu erfassen. Jeder von uns kommt dahin, die Erwartungen, die er in der Jugend an seine Mitmenschen geknüpft, als Illusionen fallen zu lassen, und kann erfahren, wie sehr ihm das Leben durch deren Übelwollen erschwert und schmerzhaft gemacht wird. Dabei wäre es ein Unrecht, der Kultur vorzuwerfen, dass sie Streit und Wettkampf aus den menschlichen Betätigungen ausschließen will. Diese sind sicherlich unentbehrlich, aber Gegnerschaft ist nicht notwendig Feindschaft, wird nur zum Anlass für sie missbraucht.

Die Kommunisten glauben den Weg zur Erlösung vom Übel gefunden zu haben. Der Mensch ist eindeutig gut, seinem Nächsten wohlgesinnt, aber die Einrichtung des privaten Eigentums hat seine Natur verdorben. Besitz an privaten Gütern gibt dem einen die Macht und damit die Versuchung, den Nächsten zu misshandeln; der vom Besitz Ausgeschlossene muss sich in Feindseligkeit gegen den Unterdrücker auflehnen. Wenn man das Privateigentum aufhebt, alle Güter gemeinsam macht und alle Menschen an deren Genuss teilnehmen lässt, werden Übelwollen und Feindseligkeit unter den Menschen verschwinden. Da alle Bedürfnisse befriedigt sind, wird keiner Grund haben, in dem anderen seinen Feind zu sehen; der notwendigen Arbeit werden sich alle bereitwillig unterziehen. Ich habe nichts mit der wirtschaftlichen Kritik des kommunistischen Systems zu tun, ich kann nicht untersuchen, ob die Abschaffung des privaten Eigentums zweckdienlich und vorteilhaft ist.[16] Aber seine psychologische Voraussetzung vermag ich als haltlose Illusion zu erkennen. Mit der Aufhebung des Privateigentums entzieht man der menschlichen Aggressionslust eines ihrer Werkzeuge, gewiss ein starkes, und gewiss nicht das stärkste. An den Unterschieden von Macht und Einfluss, welche die Aggression missbrauchen, daran hat man nichts geändert, auch an ihrem Wesen nicht. Sie ist nicht durch das Eigentum geschaffen worden, herrschte fast uneingeschränkt in Urzeiten, als das Eigentum noch sehr armselig war, zeigt sich bereits in der Kinderstube, kaum dass das Eigentum seine anale Urform aufgegeben hat, bildet den Bodensatz aller zärtlichen und Liebesbeziehungen unter den Menschen, vielleicht mit alleiniger Ausnahme der einer Mutter zu ihrem männlichen Kind. Räumt man das persönliche Anrecht auf dingliche Güter weg, so bleibt noch das Vorrecht aus sexuellen Beziehungen, das die Quelle der stärksten Missgunst und der heftigsten Feindseligkeit unter den sonst gleichgestellten Menschen werden muss. Hebt man auch dieses auf durch die völlige Befreiung des Sexuallebens, beseitigt also die Familie, die Keimzelle der Kultur, so lässt sich zwar nicht vorhersehen, welche neuen Wege die Kulturentwicklung einschlagen kann, aber eines darf man erwarten, dass der unzerstörbare Zug der menschlichen Natur ihr auch dorthin folgen wird.

---

16 Wer in seinen eigenen jungen Jahren das Elend der Armut verkostet, die Gleichgültigkeit und den Hochmut der Besitzenden erfahren hat, sollte vor dem Verdacht geschützt sein, dass er kein Verständnis und kein Wohlwollen für die Bestrebungen hat, die Besitzungleichheit der Menschen und was sich aus ihr ableitet, zu bekämpfen. Freilich, wenn sich dieser Kampf auf die abstrakte Gerechtigkeitsforderung der Gleichheit aller Menschen berufen will, liegt der Einwand zu nahe, dass die Natur durch die höchst ungleichmäßige körperliche Ausstattung und geistige Begabung der Einzelnen Ungerechtigkeiten eingesetzt hat, gegen die es keine Abhilfe gibt.

Es wird den Menschen offenbar nicht leicht, auf die Befriedigung dieser ihrer Aggressionsneigung zu verzichten; sie fühlen sich nicht wohl dabei. Der Vorteil eines kleineren Kulturkreises, dass er dem Trieb einen Ausweg an der Befeindung der Außenstehenden gestattet, ist nicht gering zu schätzen. Es ist immer möglich, eine größere Menge von Menschen in Liebe aneinander zu binden, wenn nur andere für die Äußerung der Aggression übrig bleiben. Ich habe mich einmal mit dem Phänomen beschäftigt, dass gerade benachbarte und einander auch sonst nahe stehende Gemeinschaften sich gegenseitig befehden und verspotten, so Spanier und Portugiesen, Nord- und Süddeutsche, Engländer und Schotten usw. Ich gab ihm den Namen „Narzissmus der kleinen Differenzen", der nicht viel zur Erklärung beiträgt. Man erkennt nun darin eine bequeme und relativ harmlose Befriedigung der Aggressionsneigung, durch die den Mitgliedern der Gemeinschaft das Zusammenhalten erleichtert wird. Das überall hin versprengte Volk der Juden hat sich in dieser Weise anerkennenswerte Verdienste um die Kulturen seiner Wirtsvölker erworben; leider haben alle Judengemetzel des Mittelalters nicht ausgereicht, dieses Zeitalter friedlicher und sicherer für seine christlichen Genossen zu gestalten. Nachdem der Apostel Paulus die allgemeine Menschenliebe zum Fundament seiner christlichen Gemeinde gemacht hatte, war die äußerste Intoleranz des Christentums gegen die draußen Verbliebenen eine unvermeidliche Folge geworden; den Römern, die ihr staatliches Gemeinwesen nicht auf die Liebe begründet hatten, war religiöse Unduldsamkeit fremd gewesen, obwohl die Religion bei ihnen Sache des Staates und der Staat von Religion durchtränkt war. Es war auch kein unverständlicher Zufall, dass der Traum einer germanischen Weltherrschaft zu seiner Ergänzung den Antisemitismus aufrief, und man erkennt es als begreiflich, dass der Versuch, eine neue kommunistische Kultur in Russland aufzurichten, in der Verfolgung der Bourgeois seine psychologische Unterstützung findet. Man fragt sich nur besorgt, was die Sowjets anfangen werden, nachdem sie ihre Bourgeois ausgerottet haben.

Wenn die Kultur nicht allein der Sexualität, sondern auch der Aggressionsneigung des Menschen so große Opfer auferlegt, so verstehen wir es besser, dass es dem Menschen schwer wird, sich in ihr beglückt zu finden. Der Urmensch hatte es in der Tat darin besser, da er keine Triebeinschränkungen kannte. Zum Ausgleich war seine Sicherheit, solches Glück lange zu genießen, eine sehr geringe. Der Kulturmensch hat für ein Stück Glücksmöglichkeit ein Stück Sicherheit eingetauscht. Wir wollen aber nicht vergessen, dass in der Urfamilie nur das Oberhaupt sich solcher Triebfreiheit erfreute; die anderen lebten in sklavischer Unterdrückung. Der Gegensatz zwischen einer die Vorteile der Kultur genießenden Minderheit und einer dieser Vorteile beraubten Mehrzahl war also in jener Urzeit der Kultur aufs Äußerste getrieben. Über den heute lebenden Primitiven haben wir durch sorgfältigere Erkundung erfahren, dass sein Triebleben keineswegs ob seiner Freiheit beneidet werden darf; es unterliegt Einschränkungen von anderer Art, aber vielleicht von größerer Strenge als das des modernen Kulturmenschen.

Wenn wir gegen unseren jetzigen Kulturzustand mit Recht einwenden, wie unzureichend er unsere Forderungen an eine beglückende Lebensordnung erfüllt, wie viel Leid er gewähren lässt, das wahrscheinlich zu vermeiden wäre, wenn wir mit schonungsloser Kritik die Wurzeln seiner Unvollkommenheit aufzudecken streben, üben wir gewiss unser gutes Recht und zeigen uns nicht als Kulturfeinde. Wir dürfen erwarten, allmählich solche Abänderungen unserer Kultur durchzusetzen, die unsere Bedürfnisse besser befriedigen und jener Kritik entgehen. Aber vielleicht machen wir uns auch mit der Idee vertraut, dass es Schwierigkeiten gibt, die dem Wesen der Kultur anhaften und die keinem Reformversuch weichen werden. Außer den Aufgaben der Triebeinschränkung, auf die wir vorbereitet sind, drängt sich uns die Gefahr eines Zustandes auf, den man „das psychologische Elend der Masse" nennen kann. Diese Gefahr droht am ehesten, wo die gesellschaftliche Bindung hauptsächlich durch Identifizierung der Teilnehmer untereinander hergestellt wird, während Führerindividualitäten nicht zu jener Bedeutung kommen, die ihnen bei der Massenbildung zufallen sollte.[17] Der gegenwärtige Kulturzustand Amerikas gäbe eine gute Gelegenheit, diesen befürchteten Kulturschaden zu studieren. Aber ich vermeide die Versuchung, in die Kritik der Kultur Amerikas einzugehen; ich will nicht den Eindruck hervorrufen, als wollte ich mich selbst amerikanischer Methoden bedienen.

17 Siehe Massenpsychologie und Ich-Analyse, 1921.

VI

Ich habe bei keiner Arbeit so stark die Empfindung gehabt wie diesmal, dass ich allgemein Bekanntes darstelle, Papier und Tinte, in weiterer Folge Setzerarbeit und Druckerschwärze aufbiete, um eigentlich selbstverständliche Dinge zu erzählen. Darum greife ich es gerne auf, wenn sich der Anschein ergibt, dass die Anerkennung eines besonderen, selbstständigen Aggressionstriebes eine Abänderung der psychoanalytischen Trieblehre bedeutet.

Es wird sich zeigen, dass dem nicht so ist, dass es sich bloß darum handelt, eine Wendung, die längst vollzogen worden ist, schärfer zu fassen und in ihren Konsequenzen zu verfolgen. Von allen langsam entwickelten Stücken der analytischen Theorie hat sich die Trieblehre am mühseligsten vorwärts getastet. Und sie war doch dem Ganzen so unentbehrlich, dass irgendetwas an ihre Stelle gerückt werden musste. In der vollen Ratlosigkeit der Anfänge gab mir der Satz des Dichterphilosophen Schiller den ersten Anhalt, dass „Hunger und Liebe" das Getriebe der Welt zusammenhalten. Der Hunger konnte als Vertreter jener Triebe gelten, die das Einzelwesen erhalten wollen, die Liebe strebt nach Objekten; ihre Hauptfunktion, von der Natur in jeder Weise begünstigt, ist die Erhaltung der Art. So traten zuerst Ichtriebe und Objekttriebe einander gegenüber. Für die Energie der Letzteren, und ausschließlich für sie, führte ich den Namen Libido ein; somit lief der Gegensatz zwischen den Ichtrieben und den aufs Objekt gerichteten „libidinösen" Trieben der Liebe im weitesten Sinne. Einer von diesen Objekttrieben, der sadistische, tat sich zwar dadurch hervor, dass sein Ziel so gar nicht liebevoll war, auch schloss er sich offenbar in manchen Stücken den Ichtrieben an, konnte seine nahe Verwandtschaft mit Bemächtigungstrieben ohne libidinöse Absicht nicht verbergen, aber man kam über diese Unstimmigkeit hinweg; der Sadismus gehörte doch offenbar zum Sexualleben, das grausame Spiel konnte das zärtliche ersetzen. Die Neurose erschien als der Ausgang eines Kampfes zwischen dem Interesse der Selbstbewahrung und den Anforderungen der Libido, ein Kampf, in dem das Ich gesiegt hatte, aber um den Preis schwerer Leiden und Verzichte.

Jeder Analytiker wird zugeben, dass dies auch heute nicht wie ein längst überwundener Irrtum klingt. Doch wurde eine Abänderung unerlässlich, als unsere Forschung vom Verdrängten zum Verdrängenden, von den Objekttrieben zum Ich fortschritt. Entscheidend wurde hier die Einführung des Begriffes Narzissmus, d.h. die Einsicht, dass das Ich selbst mit Libido besetzt ist, sogar deren ursprüngliche Heimstätte sei und gewissermaßen auch ihr Hauptquartier bleibe. Diese narzisstische Libido wendet sich den Objekten zu, wird so zur Objektlibido und kann sich in narzisstische Libido zurückverwandeln. Der Begriff Narzissmus machte es möglich, die traumatische Neurose, sowie viele den Psychosen nahe stehenden Affektionen und diese selbst analytisch zu erfassen. Die Deutung der Übertragungsneurosen als Versuche des Ichs, sich der Sexualität zu erwehren, brauchte nicht verlassen zu werden, aber der Begriff der Libido geriet in Gefahr. Da auch die Ichtriebe libidinös waren, schien es eine Weile unvermeidlich, Libido mit Triebenergie überhaupt zusammenfallen zu lassen, wie G.G. Jung schon früher gewollt hatte. Doch blieb etwas zurück wie eine noch nicht zu begründende Gewissheit, dass die Triebe nicht alle von gleicher Art sein können. Den nächsten Schritt machte ich in „Jenseits des Lustprinzips" (1920), als mir der Wiederholungszwang und der konservative Charakter des Trieblebens zuerst auffielen. Ausgehend von Spekulationen über den Anfang des Lebens und von biologischen Parallelen zog ich den Schluss, es müsse außer dem Trieb, die lebende Substanz zu erhalten und zu immer größeren Einheiten zusammenzufassen[18], einen anderen, ihm gegensätzlichen, geben, der diese Einheiten aufzulösen und in den uranfänglichen, anorganischen Zustand zurückzuführen strebe. Also außer dem Eros einen Todestrieb; aus dem Zusammen- und Gegeneinanderwirken dieser beiden ließen sich die Phänomene des Lebens erklären. Nun war es nicht leicht, die Tätigkeit dieses angenommenen Todestriebs aufzuzeigen. Die Äußerungen des Eros waren auffällig und geräuschvoll genug; man konnte annehmen, dass der Todestrieb stumm im Inneren des Lebewesens an dessen Auflösung arbeite, aber das war natürlich kein Nachweis. Weiter führte die Idee, dass sich ein Anteil des Triebes gegen die Außenwelt wende und dann als Trieb zur Aggression und Destruktion zum Vorschein komme. Der Trieb würde so selbst in den Dienst des Eros gezwängt, indem das Lebewesen anderes, Belebtes wie Unbelebtes, anstatt seines eigenen Selbst vernichtete. Umgekehrt würde die Einstellung dieser Aggression nach außen die ohnehin immer vor sich gehende Selbstzerstörung steigern müssen. Gleichzeitig konnte man aus diesem Beispiel erraten, dass die beiden Triebarten selten – vielleicht niemals – voneinander isoliert auftreten, sondern sich in verschiedenen, sehr wechselnden Mengungsverhältnissen miteinander legie-

---

18 Der Gegensatz, in den hierbei die rastlose Ausbreitungstendenz des Eros zur allgemeinen konservativen Natur der Triebe tritt, ist auffällig und kann der Ausgangspunkt weiterer Problemstellungen werden.

ren und dadurch unserem Urteil unkenntlich machen. Im längst als Partialtrieb der Sexualität bekannten Sadismus hätte man eine derartige besonders starke Legierung des Liebesstrebens mit dem Destruktionstrieb vor sich, wie in seinem Widerpart, im Masochismus, eine Verbindung der nach innen gerichteten Destruktion mit der Sexualität, durch welche die sonst unwahrnehmbare Strebung eben auffällig und fühlbar wird.

Die Annahme des Todes- oder Destruktionstriebes hat selbst in analytischen Kreisen Widerstand gefunden; ich weiß, dass vielfach die Neigung besteht, alles, was an der Liebe gefährlich und feindselig gefunden wird, lieber einer ursprünglichen Bipolarität ihres eigenen Wesens zuzuschreiben. Ich hatte die hier entwickelten Auffassungen anfangs nur versuchsweise vertreten, aber im Laufe der Zeit haben sie eine solche Macht über mich gewonnen, dass ich nicht mehr anders denken kann. Ich meine, sie sind theoretisch ungleich brauchbarer als alle möglichen anderen, sie stellen jene Vereinfachung ohne Vernachlässigung oder Vergewaltigung der Tatsachen her, nach der wir in der wissenschaftlichen Arbeit streben. Ich erkenne, dass wir im Sadismus und Masochismus die stark mit Erotik legierten Äußerungen des nach außen und nach innen gerichteten Destruktionstriebes immer vor uns gesehen haben, aber ich verstehe nicht mehr, dass wir die Ubiquität der nicht erotischen Aggression und Destruktion übersehen und versäumen konnten, ihr die gebührende Stellung in der Deutung des Lebens einzuräumen. (Die nach innen gewendete Destruktionssucht entzieht sich ja, wenn sie nicht erotisch gefärbt ist, meist der Wahrnehmung.) Ich erinnere mich meiner eigenen Abwehr, als die Idee des Destruktionstriebs zuerst in der psychoanalytischen Literatur auftauchte, und wie lange es dauerte, bis ich für sie empfänglich wurde. Dass andere dieselbe Ablehnung zeigten und noch zeigen, verwundert mich weniger. Denn, die Kindlein, sie hören es nicht gerne, wenn die angeborene Neigung des Menschen zum „Bösen", zur Aggression, Destruktion und damit auch zur Grausamkeit erwähnt wird. Gott hat sie ja zum Ebenbild seiner eigenen Vollkommenheit geschaffen, man will nicht daran gemahnt werden, wie schwer es ist, die – trotz der Beteuerungen der Christian Science – unleugbare Existenz des Bösen mit seiner Allmacht oder seiner Allgüte zu vereinen. Der Teufel wäre zur Entschuldigung Gottes die beste Auskunft, er würde dabei dieselbe ökonomisch entlastende Rolle übernehmen wie der Jude in der Welt des arischen Ideals. Aber selbst dann: Man kann doch von Gott ebensowohl Rechenschaft für die Existenz des Teufels verlangen wie für die des Bösen, das er verkörpert. Angesichts dieser Schwierigkeiten ist es für jedermann ratsam, an geeigneter Stelle eine tiefe Verbeugung vor der tief sittlichen Natur des Menschen zu machen; es verhilft einem zur allgemeinen Beliebtheit und es wird einem manches dafür nachgesehen.[19]

---

19 Ganz besonders überzeugend wirkt die Identifizierung des bösen Prinzips mit dem Destruktionstrieb in Goethes Mephistopheles:
„Denn Alles, was entsteht,
Ist wert, dass es zu Grunde geht.
So ist denn alles, was Ihr Sünde, Zerstörung, kurz das Böse nennt,
Mein eigentliches Element."
Als seinen Gegner nennt der Teufel selbst nicht das Heilige, das Gute, sondern die Kraft der Natur zum Zeugen, zur Mehrung des Lebens, also den Eros.
„Der Luft, dem Wasser, wie der Erden
Entwinden tausend Keime sich,
Im Trocknen, Feuchten, Warmen, Kalten!
Hätt' ich mir nicht die Flamme vorbehalten,
Ich hätte nichts Aparts für mich."

Der Name Libido kann wiederum für die Kraftäußerungen des Eros verwendet werden, um sie von der Energie des Todestriebs zu sondern.[20] Es ist zuzugestehen, dass wir Letzteren um so viel schwerer erfassen, gewissermaßen nur als Rückstand hinter dem Eros erraten und dass er sich uns entzieht, wo er nicht durch die Legierung mit dem Eros verraten wird. Im Sadismus, wo er das erotische Ziel in seinem Sinne umbiegt, dabei doch das sexuelle Streben voll befriedigt, gelingt uns die klarste Einsicht in sein Wesen und seine Beziehung zum Eros. Aber auch wo er ohne sexuelle Absicht auftritt, noch in der blindesten Zerstörungswut lässt sich nicht verkennen, dass seine Befriedigung mit einem außerordentlich hohen narzisstischen Genuss verknüpft ist, indem sie dem Ich die Erfüllung seiner alten Allmachtswünsche zeigt. Gemäßigt und gebändigt, gleichsam zielgehemmt muss der Destruktionstrieb, auf die Objekte gerichtet, dem Ich die Befriedigung seiner Lebensbedürfnisse und die Herrschaft über die Natur verschaffen. Da seine Annahme wesentlich auf theoretischen Gründen ruht, muss man zugeben, dass sie auch gegen theoretische Einwendungen nicht voll gesichert ist. Aber so erscheint es uns eben jetzt beim gegenwärtigen Stand unserer Einsichten; zukünftige Forschung und Überlegung wird gewiss die entscheidende Klarheit bringen.

Für alles Weitere stelle ich mich also auf den Standpunkt, dass die Aggressionsneigung eine ursprüngliche, selbstständige Triebanlage des Menschen ist und komme darauf zurück, dass die Kultur ihr stärkstes Hindernis in ihr findet. Irgendeinmal im Laufe dieser Untersuchung

---

20 Unsere gegenwärtige Auffassung kann man ungefähr in dem Satz ausdrücken, dass an jeder Triebäußerung Libido beteiligt ist, aber dass nicht alles an ihr Libido ist.

hat sich uns die Einsicht aufgedrängt, die Kultur sei ein besonderer Prozess, der über die Menschheit abläuft, und wir stehen noch immer unter dem Banne dieser Idee. Wir fügen hinzu, sie sei ein Prozess im Dienste des Eros, der vereinzelte menschliche Individuen, später Familien, dann Stämme, Völker, Nationen zu einer großen Einheit, der Menschheit, zusammenfassen wolle. Warum das geschehen müsse, wissen wir nicht; das sei eben das Werk des Eros. Diese Menschenmengen sollen libidinös aneinander gebunden werden; die Notwendigkeit allein, die Vorteile der Arbeitsgemeinschaft werden sie nicht zusammenhalten. Diesem Programm der Kultur widersetzt sich aber der natürliche Aggressionstrieb der Menschen, die Feindseligkeit eines gegen alle und aller gegen einen. Dieser Aggressionstrieb ist der Abkömmling und Hauptvertreter des Todestriebes, den wir neben dem Eros gefunden haben, der sich mit ihm die Weltherrschaft teilt. Und nun, meine ich, ist uns der Sinn der Kulturentwicklung nicht mehr dunkel. Sie muss uns den Kampf zwischen Eros und Tod, Lebenstrieb und Destruktionstrieb zeigen, wie er sich an der Menschenart vollzieht. Dieser Kampf ist der wesentliche Inhalt des Lebens überhaupt, und darum ist die Kulturentwicklung kurzweg zu bezeichnen als der Lebenskampf der Menschenart.[21] Und diesen Streit der Giganten wollen unsere Kinderfrauen beschwichtigen mit dem „Eiapopeia vom Himmel“!

---

21 Wahrscheinlich mit der näheren Bestimmung: wie er sich von einem gewissen, noch zu erratenden, Ereignis an gestalten musste.

VII

Warum zeigen unsere Verwandten, die Tiere, keinen solchen Kulturkampf? Oh, wir wissen es nicht. Sehr wahrscheinlich haben einige unter ihnen, die Bienen, Ameisen, Termiten durch Jahrhunderttausende gerungen, bis sie jene staatlichen Institutionen, jene Verteilung der Funktionen, jene Einschränkung der Individuen gefunden haben, die wir heute bei ihnen bewundern. Kennzeichnend für unseren gegenwärtigen Zustand ist es, dass unsere Empfindungen uns sagen, in keinem dieser Tierstaaten und in keiner der dort dem Einzelwesen zugeteilten Rollen würden wir uns glücklich schätzen. Bei anderen Tierarten mag es zum zeitweiligen Ausgleich zwischen den Einflüssen der Umwelt und den in ihnen sich bekämpfenden Trieben, somit zu einem Stillstand der Entwicklung gekommen sein. Beim Urmenschen mag ein neuer Vorstoß der Libido ein neuerliches Sträuben des Destruktionstriebes angefacht haben. Es ist da sehr viel zu fragen, worauf es noch keine Antwort gibt.

Eine andere Frage liegt uns näher. Welcher Mittel bedient sich die Kultur, um die ihr entgegenstehende Aggression zu hemmen, unschädlich zu machen, vielleicht auszuschalten? Einige solcher Methoden haben wir bereits kennengelernt, die anscheinend wichtigste aber noch nicht. Wir können sie an der Entwicklungsgeschichte des Einzelnen studieren. Was geht mit ihm vor, um seine Aggressionslust unschädlich zu machen? Etwas sehr Merkwürdiges, das wir nicht erraten hätten und das doch so nahe liegt. Die Aggression wird introjiziert, verinnerlicht, eigentlich aber dorthin zurückgeschickt, woher sie gekommen ist, also gegen das eigene Ich gewendet. Dort wird sie von einem Anteil des Ichs übernommen, das sich als Über-Ich dem übrigen entgegenstellt, und nun als „Gewissen“ gegen das Ich dieselbe strenge Aggressionsbereitschaft ausübt, die das Ich gerne an anderen fremden Individuen befriedigt hätte. Die Spannung zwischen dem gestrengen Über-Ich und dem ihm unterworfenen Ich heißen wir Schuldbewusstsein; sie äußert sich als Strafbedürfnis. Die Kultur bewältigt also die gefährliche Aggressionslust des Individuums, indem sie es schwächt, entwaffnet und durch eine Instanz in seinem Inneren wie durch eine Besatzung in der eroberten Stadt überwachen lässt.

Über die Entstehung des Schuldgefühls denkt der Analytiker anders als sonst die Psychologen; auch ihm wird es nicht leicht, darüber Rechenschaft zu geben. Zunächst, wenn man fragt, wie kommt einer zu einem Schuldgefühl, erhält man eine Antwort, der man nicht widersprechen kann: Man fühlt sich schuldig (Fromme sagen: sündig), wenn man etwas getan hat, was man als „böse“ erkennt. Dann merkt man, wie wenig diese Antwort gibt. Vielleicht nach einigem Schwanken wird man hinzusetzen, auch wer dies Böse nicht getan hat, sondern bloß die Absicht, es zu tun, bei sich erkennt, kann sich für schuldig halten, und dann wird man die Frage aufwerfen, warum hier die Absicht der Ausführung gleichgeachtet wird. Beide Fälle setzen aber voraus, dass man das Böse bereits als verwerflich, als von der Ausführung auszuschließen erkannt hat. Wie kommt man zu dieser Entscheidung? Ein ursprüngliches, sozusagen natürliches Unterscheidungsvermögen für Gut und Böse darf man ablehnen. Das Böse ist oft gar nicht das dem Ich Schädliche oder Gefährliche, im Gegenteil auch etwas, was ihm erwünscht ist, ihm Vergnügen bereitet. Darin zeigt sich also fremder Einfluss; dieser bestimmt, was Gut und Böse heißen soll. Da eigene Empfindung den Menschen nicht auf denselben Weg geführt hatte, muss er ein Motiv haben, sich diesem fremden Einfluss zu unterwerfen. Es ist in seiner Hilflosigkeit und Abhängigkeit von anderen leicht zu entdecken, kann am besten als Angst vor dem Liebesverlust bezeichnet werden. Verliert er die Liebe des anderen, von dem er abhängig ist, so büßt er auch den Schutz vor mancherlei Gefahren ein, setzt sich vor allem der Gefahr aus, dass dieser Übermächtige ihm in der Form der Bestrafung seine Überlegenheit erweist. Das Böse ist also anfänglich dasjenige, wofür man mit Liebesverlust bedroht wird; aus Angst vor diesem Verlust muss man es vermeiden. Darum macht es auch wenig aus, ob man das Böse bereits getan hat oder es erst tun will; in beiden Fällen tritt die Gefahr erst ein, wenn die Autorität es entdeckt, und diese würde sich in beiden Fällen ähnlich benehmen.

Man heißt diesen Zustand „schlechtes Gewissen", aber eigentlich verdient er diesen Namen nicht, denn auf dieser Stufe ist das Schuldbewusstsein offenbar nur Angst vor dem Liebesverlust, „soziale" Angst. Beim kleinen Kind kann es niemals etwas anderes sein, aber auch bei vielen Erwachsenen ändert sich nicht mehr daran, als dass an Stelle des Vaters oder beider Eltern die größere menschliche Gemeinschaft tritt. Darum gestatten sie sich regelmäßig, das Böse, das ihnen Annehmlichkeiten verspricht, auszuführen, wenn sie nur sicher sind, dass die Autorität nichts davon erfährt oder ihnen nichts anhaben kann, und ihre Angst gilt allein der Entdeckung.[22] Mit diesem Zustand hat die Gesellschaft unserer Tage im Allgemeinen zu rechnen.

Eine große Änderung tritt erst ein, wenn die Autorität durch die Aufrichtung eines Über-Ichs verinnerlicht wird.

22 Man denke an Rousseaus berühmten Mandarin!

Damit werden die Gewissensphänomene auf eine neue Stufe gehoben, im Grunde sollte man erst jetzt von Gewissen und Schuldgefühl sprechen.[23] Jetzt entfällt auch die Angst vor dem Entdecktwerden und vollends der Unterschied zwischen Böses Tun und Böses Wollen, denn vor dem Über-Ich kann sich nichts verbergen, auch Gedanken nicht. Der reale Ernst der Situation ist allerdings vergangen, denn die neue Autorität, das Über-Ich, hat unseres Glaubens kein Motiv, das Ich, mit dem es innig zusammengehört, zu misshandeln. Aber der Einfluss der Genese, der das Vergangene und Überwundene weiterleben lässt, äußert sich darin, dass es im Grunde so bleibt, wie es zu Anfang war. Das Über-Ich peinigt das sündige Ich mit den nämlichen Angstempfindungen und lauert auf Gelegenheiten, es von der Außenwelt bestrafen zu lassen.

Auf dieser zweiten Entwicklungsstufe zeigt das Gewissen eine Eigentümlichkeit, die der ersten fremd war und die nicht mehr leicht zu erklären ist. Es benimmt sich nämlich um so strenger und misstrauischer, je tugendhafter der Mensch ist, so dass am Ende gerade die es in der Heiligkeit am weitesten gebracht, sich der ärgsten Sündhaftigkeit beschuldigen. Die Tugend büßt dabei ein Stück des ihr zugesagten Lohnes ein, das gefügige und enthaltsame Ich genießt nicht das Vertrauen seines Mentors, bemüht sich, wie es scheint, vergeblich, es zu erwerben. Nun wird man bereit sein einzuwenden: Das seien künstlich zurecht gemachte Schwierigkeiten. Das strengere und wachsamere Gewissen sei eben der ihn

23 Dass in dieser übersichtlichen Darstellung scharf getrennt wird, was sich in Wirklichkeit in fließenden Übergängen vollzieht, dass es sich nicht um die Existenz eines Über-Ichs allein, sondern um dessen relative Stärke und Einflusssphäre handelt, wird jeder Einsichtige verstehen und in Rechnung bringen. Alles Bisherige über Gewissen und Schuld ist ja allgemein bekannt und nahezu unbestritten.

kennzeichnende Zug des sittlichen Menschen, und wenn die Heiligen sich für Sünder ausgeben, so täten sie es nicht mit Unrecht unter Berufung auf die Versuchungen zur Triebbefriedigung, denen sie in besonders hohem Maße ausgesetzt sind, da Versuchungen bekanntlich durch beständige Versagung nur wachsen, während sie bei gelegentlicher Befriedigung wenigstens zeitweilig nachlassen. Eine andere Tatsache des an Problemen so reichen Gebiets der Ethik ist die, dass Missgeschick, also äußere Versagung, die Macht des Gewissens im Über-Ich so sehr fördert. Solange es dem Menschen gut geht, ist auch sein Gewissen milde und lässt dem Ich allerlei angehen; wenn ihn ein Unglück getroffen hat, hält er Einkehr in sich, erkennt seine Sündhaftigkeit, steigert seine Gewissensansprüche, legt sich Enthaltungen auf und bestraft sich durch Bußen.[24] Ganze Völker haben sich ebenso benommen und benehmen sich noch immer so. Aber dies erklärt sich bequem aus der ursprünglichen infantilen Stufe des Gewissens, die also nach der Introjektion ins Über-Ich nicht verlassen wird, sondern neben und hinter ihr fortbesteht. Das Schicksal wird als Ersatz der Elterninstanz angesehen; wenn man Unglück hat, bedeutet es, dass man von dieser höchsten Macht nicht mehr geliebt wird, und von diesem Liebesverlust bedroht, beugt man sich von Neuem vor der Elternvertretung im Über-Ich, die man im Glück vernachlässigen wollte. Dies wird besonders deutlich, wenn man in streng religiösem Sinne im Schicksal nur den Ausdruck des göttlichen Willens

---

24 Diese Förderung der Moral durch Missgeschick behandelt Mark Twain in einer köstlichen kleinen Geschichte: The first melon I ever stole. Diese erste Melone ist zufällig unreif. Ich hörte Mark Twain diese kleine Geschichte selbst vortragen. Nachdem er ihren Titel ausgesprochen hatte, hielt er inne und fragte sich wie zweifelnd: „Was it the first"? Damit hatte er alles gesagt.

erkennt. Das Volk Israel hatte sich für Gottes bevorzugtes Kind gehalten, und als der große Vater Unglück nach Unglück über dies sein Volk hereinbrechen ließ, wurde es nicht etwa irre an dieser Beziehung oder zweifelte an Gottes Macht und Gerechtigkeit, sondern erzeugte die Propheten, die ihm seine Sündhaftigkeit vorhielten, und schuf aus seinem Schuldbewusstsein die überstrengen Vorschriften seiner Priesterreligion. Es ist merkwürdig, wie anders sich der Primitive benimmt! Wenn er Unglück gehabt hat, gibt er nicht sich die Schuld, sondern dem Fetisch, der offenbar seine Schuldigkeit nicht getan hat, und verprügelt ihn, anstatt sich selbst zu bestrafen.

Wir kennen also zwei Ursprünge des Schuldgefühls: den aus der Angst vor der Autorität und den späteren aus der Angst vor dem Über-Ich. Das Erstere zwingt dazu, auf Triebbefriedigungen zu verzichten, das andere drängt, da man den Fortbestand der verbotenen Wünsche vor dem Über-Ich nicht verbergen kann, außerdem zur Bestrafung. Wir haben auch gehört, wie man die Strenge des Über-Ichs, also die Gewissensforderung, verstehen kann. Sie setzt einfach die Strenge der äußeren Autorität, die von ihr abgelöst und teilweise ersetzt wird, fort. Wir sehen nun, in welcher Beziehung der Triebverzicht zum Schuldbewusstsein steht. Ursprünglich ist ja der Triebverzicht die Folge der Angst vor der äußeren Autorität; man verzichtet auf Befriedigungen, um deren Liebe nicht zu verlieren. Hat man diesen Verzicht geleistet, so ist man sozusagen mit ihr quitt, es sollte kein Schuldgefühl erübrigen. Anders ist es im Falle der Angst vor dem Über-Ich. Hier hilft der Triebverzicht nicht genug, denn der Wunsch bleibt bestehen und lässt sich vor dem Über-Ich nicht verheimlichen. Es wird also trotz des erfolgten Verzichts ein Schuldgefühl zustande kommen, und dies ist ein großer ökonomischer Nachteil der Über-Ich-Einsetzung, wie man sagen kann, der Gewissensbildung. Der Triebverzicht hat nun keine voll befreiende Wirkung mehr, die tugendhafte Enthaltung wird nicht mehr durch die Sicherung der Liebe gelohnt, für ein drohendes äußeres Unglück – Liebesverlust und Strafe vonseiten der äußeren Autorität – hat man ein andauerndes inneres Unglück, die Spannung des Schuldbewusstseins, eingetauscht.

Diese Verhältnisse sind so verwickelt und zugleich so wichtig, dass ich sie trotz der Gefahren der Wiederholung noch von anderer Seite angreifen möchte. Die zeitliche Reihenfolge wäre also die: zunächst Triebverzicht infolge der Angst vor der Aggression der äußeren Autorität – darauf läuft ja die Angst vor dem Liebesverlust hinaus, die Liebe schützt vor dieser Aggression der Strafe –, dann Aufrichtung der inneren Autorität, Triebverzicht infolge der Angst vor ihr, Gewissensangst. Im zweiten Falle Gleichwertung von böser Tat und böser Absicht, daher Schuldbewusstsein, Strafbedürfnis. Die Aggression des Gewissens konserviert die Aggression der Autorität. Soweit ist es wohl klar geworden, aber wo bleibt Raum für den das Gewissen verstärkenden Einfluss des Unglücks (des von außen auferlegten Verzichts), für die außerordentliche Strenge des Gewissens bei den Besten und Fügsamsten? Wir haben beide Besonderheiten des Gewissens bereits erklärt, aber wahrscheinlich den Eindruck übrigbehalten, dass diese Erklärungen nicht bis zum Grunde reichen, einen Rest unerklärt lassen. Und hier greift endlich eine Idee ein, die durchaus der Psychoanalyse eigen und dem gewöhnlichen Denken der Menschen fremd ist. Sie ist von solcher Art, dass sie uns verstehen lässt, wie uns der Gegenstand so verworren und undurchsichtig erscheinen musste. Sie sagt nämlich, anfangs ist zwar das

Gewissen (richtiger: die Angst, die später Gewissen wird) Ursache des Triebverzichts, aber später kehrt sich das Verhältnis um. Jeder Triebverzicht wird nun eine dynamische Quelle des Gewissens, jeder neue Verzicht steigert dessen Strenge und Intoleranz, und wenn wir es nur mit der uns bekannten Entstehungsgeschichte des Gewissens besser in Einklang bringen könnten, wären wir versucht, uns zu dem paradoxen Satz zu bekennen: Das Gewissen ist die Folge des Triebverzichts; oder: Der (uns von außen auferlegte) Triebverzicht schafft das Gewissen, das dann weiteren Triebverzicht fordert.

Eigentlich ist der Widerspruch dieses Satzes gegen die gegebene Genese des Gewissens nicht so groß, und wir sehen einen Weg, ihn weiter zu verringern. Greifen wir zum Zwecke einer leichteren Darstellung das Beispiel des Aggressionstriebes heraus und nehmen wir an, es handle sich in diesen Verhältnissen immer um Aggressionsverzicht. Dies soll natürlich nur eine vorläufige Annahme sein. Die Wirkung des Triebverzichts auf das Gewissen geht dann so vor sich, dass jedes Stück Aggression, dessen Befriedigung wir unterlassen, vom Über-Ich übernommen wird und dessen Aggression (gegen das Ich) steigert. Es stimmt dazu nicht recht, dass die ursprüngliche Aggression des Gewissens die fortgesetzte Strenge der äußeren Autorität ist, also mit Verzicht nichts zu tun hat. Diese Unstimmigkeit bringen wir aber zum Schwinden, wenn wir für diese erste Aggressionsausstattung des Über-Ichs eine andere Ableitung annehmen. Gegen die Autorität, welche das Kind an den ersten, aber auch bedeutsamsten Befriedigungen verhindert, muss sich bei diesem ein erhebliches Maß von Aggressionsneigung entwickelt haben, gleichgültig, welcher Art die geforderten Triebentsagungen waren. Notgedrungen musste das Kind auf die Befriedigung dieser rachsüchtigen Aggression verzichten. Es hilft sich aus dieser schwierigen ökonomischen Situation auf dem Wege bekannter Mechanismen, indem es diese unangreifbare Autorität durch Identifizierung in sich aufnimmt, die nun das Über-Ich wird und in den Besitz all der Aggression gerät, die man gern als Kind gegen sie ausgeübt hätte. Das Ich des Kindes muss sich mit der traurigen Rolle der so erniedrigten Autorität – des Vaters – begnügen. Es ist eine Umkehrung der Situation, wie so häufig. „Wenn ich der Vater wäre und du das Kind, ich würde dich schlecht behandeln." Die Beziehung zwischen Über-Ich und Ich ist die durch den Wunsch entstellte Wiederkehr realer Beziehungen zwischen dem noch ungeteilten Ich und einem äußeren Objekt. Auch das ist typisch. Der wesentliche Unterschied aber ist, dass die ursprüngliche Strenge des Über-Ichs nicht – oder nicht so sehr – die ist, die man von ihm erfahren hat oder die man ihm zumutet, sondern die eigene Aggression gegen ihn vertritt. Wenn das zutrifft, darf man wirklich behaupten, das Gewissen sei im Anfang entstanden durch die Unterdrückung einer Aggression und verstärke sich im weiteren Verlauf durch neue solche Unterdrückungen.

Welche der beiden Auffassungen hat nun recht? Die frühere, die uns genetisch so unanfechtbar erschien, oder die neuere, welche die Theorie in so willkommener Weise abrundet? Offenbar, auch nach dem Zeugnis der direkten Beobachtung, sind beide berechtigt; sie widerstreiten einander nicht, treffen sogar an einer Stelle zusammen, denn die rachsüchtige Aggression des Kindes wird durch das Maß der strafenden Aggression, die es vom Vater erwartet, mitbestimmt werden. Die Erfahrung aber lehrt, dass die Strenge des Über-Ichs, das ein Kind entwickelt, keineswegs die Strenge der Behandlung, die es selbst erfahren hat, wiedergibt.[25] Sie erscheint unabhängig von ihr, bei sehr milder Erziehung kann ein Kind ein sehr strenges Gewissen bekommen. Doch wäre es auch unrichtig, wollte man diese Unabhängigkeit übertreiben; es ist nicht schwer, sich zu überzeugen, dass die Strenge der Erziehung auch auf die Bildung des kindlichen Über-Ichs einen starken Einfluss übt. Es kommt darauf hinaus, dass bei der Bildung des Über-Ichs und Entstehung des Gewissens mitgebrachte konstitutionelle Faktoren und Einflüsse des Milieus der realen Umgebung zusammenwirken, und das ist keineswegs befremdend.

Man kann auch sagen, wenn das Kind auf die ersten großen Triebversagungen mit überstarker Aggression und entsprechender Strenge des Über-Ichs reagiert, folgt es dabei einem phylogenetischen Vorbild und setzt sich über die aktuell gerechtfertigte Entgegnung hinaus, denn der Vater der Vorzeit war gewiss fürchterlich, und ihm durfte man das äußerste Maß von Aggression zumuten. Die Unterschiede der beiden Auffassungen von der Genese des Gewissens verringern sich also noch mehr, wenn man von der individuellen zur phylogenetischen Entwicklungsgeschichte übergeht. Dafür zeigt sich ein neuer bedeutsamer Unterschied in diesen beiden Vorgängen. Wir können nicht über die Annahme hinaus, dass das Schuldgefühl der Menschheit aus dem Ödipuskomplex stammt und bei der Tötung des Vaters durch die Brüdervereinigung erworben wurde. Damals wurde eine Aggression nicht unterdrückt, sondern ausgeführt, dieselbe Aggression, deren Unterdrückung beim Kinde die Quelle des Schuldgefühls sein soll. Nun würde ich mich

25 Wie von Melanie Klein und anderen englischen Autoren richtig hervorgehoben wurde.

nicht verwundern, wenn ein Leser ärgerlich ausriefe: „Es ist also ganz gleichgültig, ob man den Vater umbringt oder nicht, ein Schuldgefühl bekommt man auf alle Fälle! Da darf man sich einige Zweifel erlauben. Entweder ist es falsch, dass das Schuldgefühl von unterdrückten Aggressionen herrührt, oder die ganze Geschichte von der Vatertötung ist ein Roman, und die Urmenschenkinder haben ihre Väter nicht häufiger umgebracht, als es die heutigen pflegen. Übrigens, wenn es kein Roman, sondern plausible Historie ist, so hätte man einen Fall, in dem das geschieht, was alle Welt erwartet, nämlich dass man sich schuldig fühlt, weil man wirklich etwas, was nicht zu rechtfertigen ist, getan hat. Und für diesen Fall, der sich immerhin alle Tage ereignet, ist uns die Psychoanalyse die Erklärung schuldig geblieben."

Das ist wahr und soll nachgeholt werden. Es ist auch kein besonderes Geheimnis. Wenn man ein Schuldgefühl hat, nachdem und weil man etwas verbrochen hat, so sollte man dies Gefühl eher Reue nennen. Es bezieht sich nur auf eine Tat, setzt natürlich voraus, dass ein Gewissen, die Bereitschaft sich schuldig zu fühlen, bereits vor der Tat bestand. Eine solche Reue kann uns also nie dazu verhelfen, den Ursprung des Gewissens und des Schuldgefühls überhaupt zu finden. Der Hergang dieser alltäglichen Fälle ist gewöhnlich der, dass ein Triebbedürfnis die Stärke erworben hat, seine Befriedigung gegen das in seiner Stärke auch nur begrenzte Gewissen durchzusetzen, und dass mit der natürlichen Abschwächung des Bedürfnisses durch seine Befriedigung das frühere Kräfteverhältnis wiederhergestellt wird. Die Psychoanalyse tut also recht daran, den Fall des Schuldgefühls aus Reue von diesen Erörterungen auszuschließen, so häufig er auch vorkommt und so groß seine praktische Bedeutung auch ist.

Aber wenn das menschliche Schuldgefühl auf die Tötung des Urvaters zurückgeht, das war doch ein Fall von „Reue“, und damals soll der Voraussetzung nach Gewissen und Schuldgefühl vor der Tat nicht bestanden haben? Woher kam in diesem Fall die Reue? Gewiss, dieser Fall muss uns das Geheimnis des Schuldgefühls aufklären, unseren Verlegenheiten ein Ende machen. Und ich meine, er leistet es auch. Diese Reue war das Ergebnis der uranfänglichen Gefühlsambivalenz gegen den Vater, die Söhne hassten ihn, aber sie liebten ihn auch; nachdem der Hass durch die Aggression befriedigt war, kam in der Reue über die Tat die Liebe zum Vorschein, richtete durch Identifizierung mit dem Vater das Über-Ich auf, gab ihm die Macht des Vaters wie zur Bestrafung für die gegen ihn verübte Tat der Aggression, schuf die Einschränkungen, die eine Wiederholung der Tat verhüten sollten. Und da die Aggressionsneigung gegen den Vater sich in den folgenden Geschlechtern wiederholte, blieb auch das Schuldgefühl bestehen und verstärkte sich von Neuem durch jede unterdrückte und dem Über-Ich übertragene Aggression. Nun, meine ich, erfassen wir endlich zweierlei in voller Klarheit, den Anteil der Liebe an der Entstehung des Gewissens und die verhängnisvolle Unvermeidlichkeit des Schuldgefühls. Es ist wirklich nicht entscheidend, ob man den Vater getötet oder sich der Tat enthalten hat, man muss sich in beiden Fällen schuldig finden, denn das Schuldgefühl ist der Ausdruck des Ambivalenzkonflikts, des ewigen Kampfes zwischen dem Eros und dem Destruktions- oder Todestrieb. Dieser Konflikt wird angefacht, sobald den Menschen die Aufgabe des Zusammenlebens gestellt wird; solange diese Gemeinschaft nur die Form der Familie kennt, muss er sich im Ödipuskomplex äußern, das Gewissen einsetzen, das erste Schuldgefühl schaffen. Wenn eine Erweiterung dieser Gemeinschaft versucht wird, wird derselbe Konflikt in Formen, die von der Vergangenheit abhängig sind, fortgesetzt, verstärkt und hat eine weitere Steigerung des Schuldgefühls zur Folge. Da die Kultur einem inneren erotischen Antrieb gehorcht, der sie die Menschen zu einer innig verbundenen Masse vereinigen heißt, kann sie dies Ziel nur auf dem Wege einer immer wachsenden Verstärkung des Schuldgefühls erreichen. Was am Vater begonnen wurde, vollendet sich an der Masse. Ist die Kultur der notwendige Entwicklungsgang von der Familie zur Menschheit, so ist unablösbar mit ihr verbunden, als Folge des mitgeborenen Ambivalenzkonflikts, als Folge des ewigen Haders zwischen Liebe und Todesstreben, die Steigerung des Schuldgefühls vielleicht bis zu Höhen, die der Einzelne schwer erträglich findet. Man gedenkt der ergreifenden Anklage des großen Dichters gegen die „himmlischen Mächte“:

> „Ihr führt in's Leben uns hinein,
> Ihr lasst den Armen schuldig werden.
> Dann überlasst Ihr ihn der Pein,
> Denn jede Schuld rächt sich auf
> Erden.“[26]

Und man darf wohl aufseufzen bei der Erkenntnis, dass es einzelnen Menschen gegeben ist, aus dem Wirbel der eigenen Gefühle die tiefsten Einsichten doch eigentlich mühelos heraufzuholen, zu denen wir anderen uns durch qualvolle Unsicherheit und rastloses Tasten den Weg zu bahnen haben.

---

26 Goethe, Lieder des Harfners in „Wilhelm Meister“.

VIII

Am Ende eines solchen Weges angelangt, muss der Autor seine Leser um Entschuldigung bitten, dass er ihnen kein geschickter Führer gewesen, ihnen das Erlebnis öder Strecken und beschwerlicher Umwege nicht erspart hat. Es ist kein Zweifel, dass man es besser machen kann. Ich will versuchen, nachträglich etwas gutzumachen.

Zunächst vermute ich bei den Lesern den Eindruck, dass die Erörterungen über das Schuldgefühl den Rahmen dieses Aufsatzes sprengen, indem sie zu viel Raum für sich einnehmen und ihren anderen Inhalt, mit dem sie nicht immer innig zusammenhängen, an den Rand drängen. Das mag den Aufbau der Abhandlung gestört haben, entspricht aber durchaus der Absicht, das Schuldgefühl als das wichtigste Problem der Kulturentwicklung hinzustellen und darzutun, dass der Preis für den Kulturfortschritt in der Glückseinbuße durch die Erhöhung des Schuldgefühls bezahlt wird.[27] Was an diesem Satz, dem Endergebnis unserer Untersuchung noch befremdlich

---

27 „So macht Gewissen Feige aus uns allen …"
Dass sie dem jugendlichen Menschen verheimlicht, welche Rolle die Sexualität in seinem Leben spielen wird, ist nicht der einzige Vorwurf, den man gegen die heutige Erziehung erheben muss. Sie sündigt außerdem darin, dass sie ihn nicht auf die Aggression vorbereitet, deren Objekt er zu werden bestimmt ist. Indem sie die Jugend mit so unrichtiger psychologischer Orientierung ins Leben entlässt, benimmt sich die Erziehung nicht anders, als wenn man Leute, die auf eine Polarexpedition gehen, mit Sommerkleidern und Karten der oberitalischen Seen ausrüsten würde. Dabei wird ein gewisser Missbrauch der ethischen Forderungen deutlich. Die Strenge derselben würde nicht viel schaden, wenn die Erziehung sagte: So sollten die Menschen sein, um glücklich zu werden und andere glücklich zu machen; aber man muss damit rechnen, dass sie nicht so sind. Anstatt dessen lässt man den Jugendlichen glauben, dass alle anderen die ethischen Vorschriften erfüllen, also tugendhaft sind. Damit begründet man die Forderung, dass er auch so werde.

klingt, lässt sich wahrscheinlich auf das ganz sonderbare, noch durchaus unverstandene Verhältnis des Schuldgefühls zu unserem Bewusstsein zurückführen. In den gemeinen, uns als normal geltenden Fällen von Reue macht es sich dem Bewusstsein deutlich genug wahrnehmbar; wir sind doch gewöhnt, anstatt Schuldgefühl „Schuldbewusstsein" zu sagen. Aus dem Studium der Neurosen, denen wir doch die wertvollsten Winke zum Verständnis des Normalen danken, ergeben sich widerspruchsvolle Verhältnisse. Bei einer dieser Affektionen, der Zwangsneurose, drängt sich das Schuldgefühl überlaut dem Bewusstsein auf, es beherrscht das Krankheitsbild wie das Leben der Kranken, lässt kaum anderes neben sich aufkommen. Aber in den meisten anderen Fällen und Formen von Neurose bleibt es völlig unbewusst, ohne darum geringfügigere Wirkungen zu äußern. Die Kranken glauben uns nicht, wenn wir ihnen ein „unbewusstes Schuldgefühl" zumuten; um nur halbwegs von ihnen verstanden zu werden, erzählen wir ihnen von einem unbewussten Strafbedürfnis, in dem sich das Schuldgefühl äußert. Aber die Beziehung zur Neurosenform darf nicht überschätzt werden; es gibt auch bei der Zwangsneurose Typen von Kranken, die ihr Schuldgefühl nicht wahrnehmen oder es als ein quälendes Unbehagen, eine Art von Angst erst dann empfinden, wenn sie an der Ausführung gewisser Handlungen verhindert werden. Diese Dinge sollte man endlich einmal verstehen können, man kann es noch nicht. Vielleicht ist hier die Bemerkung willkommen, dass das Schuldgefühl im Grunde nichts ist als eine topische Abart der Angst, in seinen späteren Phasen fällt es ganz mit der Angst vor dem Über-Ich zusammen. Und bei der Angst zeigen sich im Verhältnis zum Bewusstsein dieselben außerordentlichen Variationen.

Irgendwie steckt die Angst hinter allen Symptomen, aber bald nimmt sie lärmend das Bewusstsein ganz für sich in Anspruch, bald verbirgt sie sich so vollkommen, dass wir genötigt sind, von unbewusster Angst – oder wenn wir ein reineres psychologisches Gewissen haben wollen, da ja die Angst zunächst nur eine Empfindung ist – von Angstmöglichkeiten zu reden. Und darum ist es sehr wohl denkbar, dass auch das durch die Kultur erzeugte Schuldbewusstsein nicht als solches erkannt wird, zum großen Teil unbewusst bleibt oder als ein Unbehagen, eine Unzufriedenheit zum Vorschein kommt, für die man andere Motivierungen sucht. Die Religionen wenigstens haben die Rolle des Schuldgefühls in der Kultur nie verkannt. Sie treten ja, was ich an anderer Stelle nicht gewürdigt hatte,[28] auch mit dem Anspruch auf, die Menschheit von diesem Schuldgefühl, das sie Sünde heißen, zu erlösen. Aus der Art, wie im Christentum diese Erlösung gewonnen wird, durch den Opfertod eines Einzelnen, der damit eine allen gemeinsame Schuld auf sich nimmt, haben wir ja einen Schluss darauf gezogen, welches der erste Anlass zur Erwerbung dieser Urschuld, mit der auch die Kultur begann, gewesen sein mag.[29] Es kann nicht sehr wichtig werden, mag aber nicht überflüssig sein, dass wir die Bedeutung einiger Worte wie: Über-Ich, Gewissen, Schuldgefühl, Strafbedürfnis, Reue erläutern, die wir vielleicht oft zu lose und eines für's andere gebraucht haben. Alle beziehen sich auf dasselbe Verhältnis, benennen aber verschiedene Seiten desselben. Das Über-Ich ist eine von uns erschlossene Instanz, das Gewissen eine Funktion, die wir ihm neben

28 Ich meine: Die Zukunft einer Illusion (1927).
29 Totem und Tabu (1912).

anderen zuschreiben, die die Handlungen und Absichten des Ichs zu überwachen und zu beurteilen hat, eine zensorische Tätigkeit ausübt. Das Schuldgefühl, die Härte des Über-Ichs, ist also dasselbe wie die Strenge des Gewissens, ist die dem Ich zugeteilte Wahrnehmung, dass es in solcher Weise überwacht wird, die Abschätzung der Spannung zwischen seinen Strebungen und den Forderungen des Über-Ichs, und die der ganzen Beziehung zu Grunde liegende Angst vor dieser kritischen Instanz, das Strafbedürfnis, ist eine Triebäußerung des Ichs, das unter dem Einfluss des sadistischen Über-Ichs masochistisch geworden ist, d.h. ein Stück des in ihm vorhandenen Triebes zur inneren Destruktion zu einer erotischen Bindung an das Über-Ich verwendet. Vom Gewissen sollte man nicht eher sprechen, als bis ein Über-Ich nachweisbar ist; vom Schuldbewusstsein muss man zugeben, dass es früher besteht als das Über-Ich, also auch als das Gewissen. Es ist dann der unmittelbare Ausdruck der Angst vor der äußeren Autorität, die Anerkennung der Spannung zwischen dem Ich und dieser Letzteren, der direkte Abkömmling des Konflikts zwischen dem Bedürfnis nach deren Liebe und dem Drang nach Triebbefriedigung, dessen Hemmung die Neigung zur Aggression erzeugt. Die Übereinanderlagerung dieser beiden Schichten des Schuldgefühls – aus Angst vor der äußeren und vor der inneren Autorität – hat uns manchen Einblick in die Beziehungen des Gewissens erschwert. Reue ist eine Gesamtbezeichnung für die Reaktion des Ichs in einem Falle des Schuldgefühls, enthält das wenig umgewandelte Empfindungsmaterial der dahinter wirksamen Angst, ist selbst eine Strafe und kann das Strafbedürfnis einschließen; auch sie kann also älter sein als das Gewissen.

Es kann auch nichts schaden, dass wir uns nochmals die Widersprüche vorführen, die uns eine Weile bei unserer Untersuchung verwirrt haben. Das Schuldgefühl sollte einmal die Folge unterlassener Aggressionen sein, aber ein andermal und gerade bei seinem historischen Anfang, der Vatertötung, die Folge einer ausgeführten Aggression. Wir fanden auch den Ausweg aus dieser Schwierigkeit. Die Einsetzung der inneren Autorität, des Über-Ichs, hat eben die Verhältnisse gründlich geändert. Vorher fiel das Schuldgefühl mit der Reue zusammen; wir merken dabei, dass die Bezeichnung Reue für die Reaktion nach wirklicher Ausführung der Aggression zu reservieren ist. Nachher verlor infolge der Allwissenheit des Über-Ichs der Unterschied zwischen beabsichtigter und erfüllter Aggression seine Kraft; nun konnte sowohl eine wirklich ausgeführte Gewalttat Schuldgefühl erzeugen – wie alle Welt weiß – als auch eine bloß beabsichtigte – wie die Psychoanalyse erkannt hat. Über die Veränderung der psychologischen Situation hinweg hinterlässt der Ambivalenzkonflikt der beiden Urtriebe die nämliche Wirkung. Die Versuchung liegt nahe, hier die Lösung des Rätsels von der wechselvollen Beziehung des Schuldgefühls zum Bewusstsein zu suchen. Das Schuldgefühl aus Reue über die böse Tat müsste immer bewusst sein, das aus Wahrnehmung des bösen Impulses könnte unbewusst bleiben. Allein so einfach ist das nicht, die Zwangsneurose widerspricht dem energisch. Der zweite Widerspruch war, dass die aggressive Energie, mit der man das Über-Ich ausgestattet denkt, nach einer Auffassung bloß die Strafenergie der äußeren Autorität fortsetzt und für das Seelenleben erhält, während eine andere Auffassung meint, es sei vielmehr die nicht zur Verwendung gelangte eigene Aggression, die man gegen diese hemmende Autorität aufbringt. Die erste Lehre schien sich der Geschichte, die zweite der Theorie des Schuldgefühls besser anzupassen. Eingehendere Überlegung hat den anscheinend unversöhnlichen Gegensatz beinahe allzu viel verwischt; es blieb als wesentlich und gemeinsam übrig, dass es sich um eine nach innen verschobene Aggression handelt. Die klinische Beobachtung gestattet wiederum, wirklich zwei Quellen für die dem Über-Ich zugeschriebene Aggression zu unterscheiden, von denen im einzelnen Fall die eine oder die andere die stärkere Wirkung ausübt, die im Allgemeinen aber zusammenwirken.

Hier ist, meine ich, der Ort, eine Auffassung ernsthaft zu vertreten, die ich vorhin zur vorläufigen Annahme empfohlen hatte. In der neuesten analytischen Literatur zeigt sich eine Vorliebe für die Lehre, dass jede Art von Versagung, jede verhinderte Triebbefriedigung eine Steigerung des Schuldgefühls zur Folge habe oder haben könne.[30] Ich glaube, man schafft sich eine große theoretische Erleichterung, wenn man das nur von den aggressiven Trieben gelten lässt, und man wird nicht viel finden, was dieser Annahme widerspricht. Wie soll man es denn dynamisch und ökonomisch erklären, dass an Stelle eines nicht erfüllten erotischen Anspruchs eine Steigerung des Schuldgefühls auftritt? Das scheint doch nur auf dem Umwege möglich, dass die Verhinderung der erotischen Befriedigung ein Stück Aggressionsneigung gegen die Person hervorruft, welche die Befriedigung stört, und dass diese Aggression selbst wieder unterdrückt werden muss. Dann aber ist es doch nur die

30 Insbesondere bei E. Jones, Susan Isaacs, Melanie Klein; wie ich verstehe, aber auch bei Reik und Alexander.

Aggression, die sich in Schuldgefühl umwandelt, indem sie unterdrückt und dem Über-Ich zugeschoben wird. Ich bin überzeugt, wir werden viele Vorgänge einfacher und durchsichtiger darstellen können, wenn wir den Fund der Psychoanalyse zur Ableitung des Schuldgefühls auf die aggressiven Triebe einschränken. Die Befragung des klinischen Materials gibt hier keine eindeutige Antwort, weil unserer Voraussetzung gemäß die beiden Triebarten kaum jemals rein, von einander isoliert, auftreten; aber die Würdigung extremer Fälle wird wohl nach der Richtung weisen, die ich erwarte. Ich bin versucht, von dieser strengeren Auffassung einen ersten Nutzen zu ziehen, indem ich sie auf den Verdrängungsvorgang anwende. Die Symptome der Neurosen sind, wie wir gelernt haben, wesentlich Ersatzbefriedigungen für unerfüllte sexuelle Wünsche. Im Laufe der analytischen Arbeit haben wir zu unserer Überraschung erfahren, dass vielleicht jede Neurose einen Betrag von unbewusstem Schuldgefühl verhüllt, der wiederum die Symptome durch ihre Verwendung zur Strafe befestigt. Nun liegt es nahe, den Satz zu formulieren: Wenn eine Triebstrebung der Verdrängung unterliegt, so werden ihre libidinösen Anteile in Symptome, ihre aggressiven Komponenten in Schuldgefühl umgesetzt. Auch wenn dieser Satz nur in durchschnittlicher Annäherung richtig ist, verdient er unser Interesse.

Manche Leser dieser Abhandlung mögen auch unter dem Eindruck stehen, dass sie die Formel vom Kampf zwischen Eros und Todestrieb zu oft gehört haben. Sie sollte den Kulturprozess kennzeichnen, der über die Menschheit abläuft, wurde aber auch auf die Entwicklung des Einzelnen bezogen und sollte überdies das Geheimnis des organischen Lebens überhaupt enthüllt haben. Es scheint unabweisbar, die Beziehungen dieser drei Vorgänge zueinander zu untersuchen. Nun ist die Wiederkehr derselben Formel durch die Erwägung gerechtfertigt, dass der Kulturprozess der Menschheit wie der Entwicklung des Einzelnen auch Lebensvorgänge sind, also am allgemeinsten Charakter des Lebens Anteil haben müssen. Anderseits trägt gerade darum der Nachweis dieses allgemeinen Zuges nichts zur Unterscheidung bei, solange dieser nicht durch besondere Bedingungen eingeengt wird. Wir können uns also erst bei der Aussage beruhigen, der Kulturprozess sei jene Modifikation des Lebensprozesses, die er unter dem Einfluss einer vom Eros gestellten, von der Ananke, der realen Not angeregten Aufgabe erfährt, und diese Aufgabe ist die Vereinigung vereinzelter Menschen zu einer unter sich libidinös verbundenen Gemeinschaft. Fassen wir aber die Beziehung zwischen dem Kulturprozess der Menschheit und dem Entwicklungs- oder Erziehungsprozess des einzelnen Menschen ins Auge, so werden wir uns ohne viel Schwanken dafür entscheiden, dass die beiden sehr ähnlicher Natur sind, wenn nicht überhaupt derselbe Vorgang an andersartigen Objekten. Der Kulturprozess der Menschenart ist natürlich eine Abstraktion von höherer Ordnung als die Entwicklung des Einzelnen, darum schwerer anschaulich zu erfassen, und die Aufspürung von Analogien soll nicht zwanghaft übertrieben werden; aber bei der Gleichartigkeit der Ziele – hier die Einreihung eines Einzelnen in eine menschliche Masse, dort die Herstellung einer Masseneinheit aus vielen Einzelnen – kann die Ähnlichkeit der dazu verwendeten Mittel und der zustande kommenden Phänomene nicht überraschen. Ein die beiden Vorgänge unterscheidender Zug darf wegen seiner außerordentlichen Bedeutsamkeit nicht lange unerwähnt bleiben. Im Entwicklungsprozess des Einzelmenschen wird das Programm des Lustprinzips, Glücksbefriedigung zu finden, als Hauptziel festgehalten, die Einreihung in oder Anpassung an eine menschliche Gemeinschaft erscheint als eine kaum zu vermeidende Bedingung, die auf dem Wege zur Erreichung dieses Glücksziels erfüllt werden soll. Ginge es ohne diese Bedingung, so wäre es vielleicht besser. Anders ausgedrückt: die individuelle Entwicklung erscheint uns als ein Produkt der Interferenz zweier Strebungen, des Strebens nach Glück, das wir gewöhnlich „egoistisch", und des Strebens nach Vereinigung mit den anderen in der Gemeinschaft, das wir „altruistisch" heißen. Beide Bezeichnungen gehen nicht viel über die Oberfläche hinaus. In der individuellen Entwicklung fällt, wie gesagt, der Hauptakzent meist auf die egoistische oder Glücksstrebung, die andere, „kulturell" zu nennende, begnügt sich in der Regel mit der Rolle einer Einschränkung. Anders beim Kulturprozess; hier ist das Ziel der Herstellung einer Einheit aus den menschlichen Individuen bei Weitem die Hauptsache, das Ziel der Beglückung besteht zwar noch, aber es wird in den Hintergrund gedrängt; fast scheint es, die Schöpfung einer großen menschlichen Gemeinschaft würde am besten gelingen, wenn man sich um das Glück des Einzelnen nicht zu kümmern brauchte. Der Entwicklungsprozess des Einzelnen darf also seine besonderen Züge haben, die sich im Kulturprozess der Menschheit nicht wiederfinden; nur insofern dieser erstere Vorgang den Anschluss an die Gemeinschaft zum Ziel hat, muss er mit dem letzteren zusammenfallen. Wie der Planet noch um seinen Zentralkörper kreist, außer dass er um die eigene Achse rotiert, so nimmt auch der einzelne Mensch am Entwicklungsgang der Menschheit teil, während er seinen eigenen Lebensweg geht. Aber unserem blöden Auge scheint das Kräftespiel am Himmel zu ewig gleicher Ordnung erstarrt; im organischen Geschehen sehen wir noch, wie die Kräfte miteinander ringen und die Ergebnisse des Konflikts sich beständig verändern. So haben auch die beiden Strebungen, die nach individuellem Glück und die nach menschlichem Anschluss, bei jedem Individuum miteinander zu kämpfen, so müssen die beiden Prozesse der individuellen und der Kulturentwicklung einander feindlich begegnen und sich gegenseitig den Boden bestreiten. Aber dieser Kampf zwischen Individuum und Gesellschaft ist nicht ein Abkömmling des wahrscheinlich unversöhnlichen Gegensatzes der Urtriebe, Eros und Tod, er bedeutet einen Zwist im Haushalt der Libido, vergleichbar dem Streit um die Aufteilung der Libido zwischen dem Ich und den Objekten, und er lässt einen endlichen Ausgleich zu beim Individuum, wie hoffentlich auch in der Zukunft der Kultur, mag er gegenwärtig das Leben des Einzelnen noch so sehr beschweren.

Die Analogie zwischen dem Kulturprozess und dem Entwicklungsweg des Individuums lässt sich um ein bedeutsames Stück erweitern. Man darf nämlich behaupten, dass auch die Gemeinschaft ein Über-Ich ausbildet, unter dessen Einfluss sich die Kulturentwicklung vollzieht. Es mag eine verlockende Aufgabe für einen Kenner menschlicher Kulturen sein, diese Gleichstellung ins Einzelne zu verfolgen. Ich will mich auf die Hervorhebung einiger auffälliger Punkte beschränken. Das Über-Ich einer Kulturepoche hat einen ähnlichen Ursprung wie das des Einzelmenschen, es ruht auf dem Eindruck, den große Führerpersönlichkeiten hinterlassen haben, Menschen von überwältigender Geisteskraft oder solche, in denen eine der menschlichen Strebungen die stärkste und reinste, darum oft auch einseitigste, Ausbildung gefunden hat. Die Analogie geht in vielen Fällen noch weiter, indem diese Personen – häufig genug, wenn auch nicht immer – zu ihrer Lebenszeit von den anderen verspottet, misshandelt oder selbst auf grausame Art beseitigt wurden, wie ja auch der Urvater erst lange nach seiner gewaltsamen Tötung zur Göttlichkeit aufstieg. Für diese Schicksalsverknüpfung ist gerade die Person Jesu Christi das ergreifendste Beispiel, wenn sie nicht etwa dem Mythus angehört, der sie in dunkler Erinnerung an jenen Urvorgang ins Leben rief. Ein anderer Punkt der Übereinstimmung ist, dass das Kultur-Über-Ich ganz wie das des Einzelnen strenge Idealforderungen aufstellt, deren Nichtbefolgung durch „Gewissensangst" gestraft wird. Ja, hier stellt sich der merkwürdige Fall her, dass die hierher gehörigen seelischen Vorgänge uns von der Seite der Masse vertrauter, dem Bewusstsein zugänglicher sind, als sie es beim Einzelmenschen werden können. Bei diesem machen sich nur die Aggressionen des Über-Ichs im Falle der Spannung als Vorwürfe überlaut vernehmbar, während die Forderungen selbst im Hintergrunde oft unbewusst bleiben. Bringt man sie zur bewussten Erkenntnis, so zeigt sich, dass sie mit den Vorschriften des jeweiligen Kultur- Über-Ichs zusammenfallen. An dieser Stelle sind sozusagen beide Vorgänge, der kulturelle Entwicklungsprozess der Menge und der eigene des Individuums, regelmäßig miteinander verklebt. Manche Äußerungen und Eigenschaften des Über-Ichs können darum leichter an seinem Verhalten in der Kulturgemeinschaft als beim Einzelnen erkannt werden.

Das Kultur-Über-Ich hat seine Ideale ausgebildet und erhebt seine Forderungen. Unter den Letzteren werden die, welche die Beziehungen der Menschen zueinander betreffen, als Ethik zusammengefasst. Zu allen Zeiten wurde auf diese Ethik der größte Wert gelegt, als ob man gerade von ihr besonders wichtige Leistungen erwartete. Und wirklich wendet sich die Ethik jenem Punkt zu, der als die wundeste Stelle jeder Kultur leicht kenntlich ist. Die Ethik ist also als ein therapeutischer Versuch aufzufassen, als Bemühung, durch ein Gebot des Über-Ichs zu erreichen, was bisher durch sonstige Kulturarbeit nicht zu erreichen war. Wir wissen bereits, es fragt sich hier darum, wie das größte Hindernis der Kultur, die konstitutionelle Neigung der Menschen zur Aggression gegeneinander, wegzuräumen ist, und gerade darum wird uns das wahrscheinlich jüngste der kulturellen Über-Ich-Gebote besonders interessant, das Gebot: Liebe deinen Nächsten wie dich selbst. In der Neurosenforschung und Neurosentherapie kommen wir dazu, zwei Vorwürfe gegen das Über-Ich des Einzelnen zu erheben: Es kümmert sich in der Strenge seiner Gebote und Verbote zu wenig um das Glück des Ichs, indem es die Widerstände gegen die Befolgung, die Triebstärke des Es und die Schwierigkeiten der realen Umwelt nicht genügend in Rechnung bringt. Wir sind daher in therapeutischer Absicht sehr oft genötigt, das Über-Ich zu bekämpfen und bemühen uns, seine Ansprüche zu erniedrigen. Ganz ähnliche Einwendungen können wir gegen die ethischen Forderungen des Kultur-Über-Ichs erheben. Auch dies kümmert sich nicht genug um die Tatsachen der seelischen Konstitution des Menschen, es erlässt ein Gebot und fragt nicht, ob es dem Menschen möglich ist, es zu befolgen. Vielmehr es nimmt an, dass dem Ich des Menschen alles psychologisch möglich ist, was man ihm aufträgt, dass dem Ich die unumschränkte

Herrschaft über sein Es zusteht. Das ist ein Irrtum und auch bei den sogenannt normalen Menschen lässt sich die Beherrschung des Es nicht über bestimmte Grenzen steigern. Fordert man mehr, so erzeugt man beim Einzelnen Auflehnung oder Neurose oder macht ihn unglücklich. Das Gebot „Liebe deinen Nächsten wie dich selbst" ist die stärkste Abwehr der menschlichen Aggression und ein ausgezeichnetes Beispiel für das unpsychologische Vorgehen des Kultur-Über-Ichs. Das Gebot ist undurchführbar; eine so großartige Inflation der Liebe kann nur deren Wert herabsetzen, nicht die Not beseitigen. Die Kultur vernachlässigt all das; sie mahnt nur, je schwerer die Befolgung der Vorschrift ist, desto verdienstvoller ist sie.

Allein wer in der gegenwärtigen Kultur eine solche Vorschrift einhält, setzt sich nur in Nachteil gegen den, der sich über sie hinaussetzt. Wie gewaltig muss das Kulturhindernis der Aggression sein, wenn die Abwehr derselben ebenso unglücklich machen kann wie die Aggression selbst! Die sogenannte natürliche Ethik hat hier nichts zu bieten außer der narzisstischen Befriedigung, sich für besser halten zu dürfen, als die anderen sind. Die Ethik, die sich an die Religion anlehnt, lässt hier ihre Versprechungen eines besseren Jenseits eingreifen. Ich meine, solange sich die Tugend nicht schon auf Erden lohnt, wird die Ethik vergeblich predigen. Es scheint auch mir unzweifelhaft, dass eine reale Veränderung in den Beziehungen der Menschen zum Besitz hier mehr Abhilfe bringen wird als jedes ethische Gebot; doch wird diese Einsicht bei den Sozialisten durch ein neuerliches idealistisches Verkennen der menschlichen Natur getrübt und für die Ausführung entwertet.

Die Betrachtungsweise, die in den Erscheinungen der Kulturentwicklung die Rolle eines Über-Ichs verfolgen will, scheint mir noch andere Aufschlüsse zu versprechen. Ich eile zum Abschluss. Einer Frage kann ich allerdings schwer ausweichen. Wenn die Kulturentwicklung so weitgehende Ähnlichkeit mit der des Einzelnen hat und mit denselben Mitteln arbeitet, soll man nicht zur Diagnose berechtigt sein, dass manche Kulturen – oder Kulturepochen – möglicherweise die ganze Menschheit – unter dem Einfluss der Kulturstrebungen „neurotisch" geworden sind? An die analytische Zergliederung dieser Neurosen könnten therapeutische Vorschläge anschließen, die auf großes praktisches Interesse Anspruch hätten. Ich könnte nicht sagen, dass ein solcher Versuch zur Übertragung der Psychoanalyse auf die Kulturgemeinschaft unsinnig oder zur Unfruchtbarkeit verurteilt wäre. Aber man müsste sehr vorsichtig sein, nicht vergessen, dass es sich doch nur um Analogien handelt, und dass es nicht nur bei Menschen, sondern auch bei Begriffen gefährlich ist, sie aus der Sphäre zu reißen, in der sie entstanden und entwickelt worden sind. Auch stößt die Diagnose der Gemeinschaftsneurosen auf eine besondere Schwierigkeit. Bei der Einzelneurose dient uns als nächster Anhalt der Kontrast, in dem sich der Kranke von seiner als „normal" angenommenen Umgebung abhebt. Ein solcher Hintergrund entfällt bei einer gleichartig affizierten Masse, er müsste anderswoher geholt werden. Und was die therapeutische Verwendung der Einsicht betrifft, was hülfe die zutreffendste Analyse der sozialen Neurose, da niemand die Autorität besitzt, der Masse die Therapie aufzudrängen? Trotz aller dieser Erschwerungen darf man erwarten, dass jemand eines Tages das Wagnis einer solchen Pathologie der kulturellen Gemeinschaften unternehmen wird.

Eine Wertung der menschlichen Kultur zu geben, liegt mir aus den verschiedensten Motiven sehr ferne. Ich habe mich bemüht, das enthusiastische Vorurteil von mir abzuhalten, unsere Kultur sei das Kostbarste, was wir besitzen oder erwerben können, und ihr Weg müsse uns notwendigerweise zu Höhen ungeahnter Vollkommenheit führen. Ich kann wenigstens ohne Entrüstung den Kritiker anhören, der meint, wenn man die Ziele der Kulturstrebung und die Mittel, deren sie sich bedient, ins Auge fasst, müsse man zu dem Schlusse kommen, die ganze Anstrengung sei nicht der Mühe wert, und das Ergebnis könne nur ein Zustand sein, den der Einzelne unerträglich finden muss. Meine Unparteilichkeit wird mir dadurch leicht, dass ich über all diese Dinge sehr wenig weiß, mit Sicherheit nur das eine, dass die Werturteile der Menschen unbedingt von ihren Glückwünschen geleitet werden, also ein Versuch sind, ihre Illusionen mit Argumenten zu stützen. Ich verstünde es sehr wohl, wenn jemand den zwangsläufigen Charakter der menschlichen Kultur hervorheben und z.B. sagen würde, die Neigung zur Einschränkung des Sexuallebens oder zur Durchsetzung des Humanitätsideals auf Kosten der natürlichen Auslese seien Entwicklungseinrichtungen, die sich nicht abwenden und nicht ablenken lassen, und denen man sich am besten beugt, wie wenn es Naturnotwendigkeiten wären. Ich kenne auch die Einwendung dagegen, dass solche Strebungen, die man für unüberwindbar hielt, oft im Laufe der Menschheitsgeschichte beiseite geworfen und durch andere ersetzt worden sind. So sinkt mir der Mut, vor meinen Mitmenschen als Prophet aufzustehen, und ich beuge mich ihrem Vorwurf, dass ich ihnen keinen

Trost zu bringen weiß, denn das verlangen sie im Grunde alle, die wildesten Revolutionäre nicht weniger leidenschaftlich als die bravsten Frommgläubigen.

Die Schicksalsfrage der Menschenart scheint mir zu sein, ob und in welchem Maße es ihrer Kulturentwicklung gelingen wird, der Störung des Zusammenlebens durch den menschlichen Aggressions- und Selbstvernichtungstrieb Herr zu werden. In diesem Bezug verdient vielleicht gerade die gegenwärtige Zeit ein besonderes Interesse. Die Menschen haben es jetzt in der Beherrschung der Naturkräfte soweit gebracht, dass sie es mit deren Hilfe leicht haben, einander bis auf den letzten Mann auszurotten. Sie wissen das, daher ein gut Stück ihrer gegenwärtigen Unruhe, ihres Unglücks, ihrer Angststimmung. Und nun ist zu erwarten, dass die andere der beiden „himmlischen Mächte", der ewige Eros, eine Anstrengung machen wird, um sich im Kampf mit seinem ebenso unsterblichen Gegner zu behaupten.

Warum Krieg?

Wien, im September 1932

Lieber Herr Einstein!

Als ich hörte, dass Sie die Absicht haben, mich zum Gedankenaustausch über ein Thema aufzufordern, dem Sie Ihr Interesse schenken und das Ihnen auch des Interesses anderer würdig erscheint, stimmte ich bereitwillig zu. Ich erwartete, Sie würden ein Problem an der Grenze des heute Wissbaren wählen, zu dem ein jeder von uns, der Physiker wie der Psycholog, sich seinen besonderen Zugang bahnen könnte, so dass sie sich von verschiedenen Seiten her auf demselben Boden träfen. Sie haben mich dann durch die Fragestellung überrascht, was man tun könne, um das Verhängnis des Krieges von den Menschen abzuwehren. Ich erschrak zunächst unter dem Eindruck meiner – fast hätte ich gesagt: unserer – Inkompetenz, denn das erschien mir als eine praktische Aufgabe, die den Staatsmännern zufällt. Ich verstand dann aber, dass Sie die Frage nicht als Naturforscher und Physiker erhoben haben, sondern als Menschenfreund, der den Anregungen des Völkerbunds gefolgt war, ähnlich wie der Polarforscher Fridtjof Nansen es auf sich genommen hatte, den Hungernden und den heimatlosen Opfern des Weltkrieges Hilfe zu bringen. Ich besann mich auch, dass mir nicht zugemutet wird, praktische Vorschläge zu machen, sondern dass ich nur angeben soll, wie sich das Problem der Kriegsverhütung einer psychologischen Betrachtung darstellt.

Aber auch hierüber haben Sie in Ihrem Schreiben das meiste gesagt. Sie haben mir gleichsam den Wind aus den Segeln genommen, aber ich fahre gern in Ihrem

Kielwasser und bescheide mich damit, alles zu bestätigen, was Sie vorbringen, indem ich es nach meinem besten Wissen – oder Vermuten – breiter ausführe.

Sie beginnen mit dem Verhältnis von Recht und Macht. Das ist gewiss der richtige Ausgangspunkt für unsere Untersuchung. Darf ich das Wort „Macht“ durch das grellere, härtere Wort „Gewalt“ ersetzen? Recht und Gewalt sind uns heute Gegensätze. Es ist leicht zu zeigen, dass sich das eine aus dem anderen entwickelt hat, und wenn wir auf die Uranfänge zurückgehen und nachsehen, wie das zuerst geschehen ist, so fällt uns die Lösung des Problems mühelos zu. Entschuldigen Sie mich aber, wenn ich im Folgenden allgemein Bekanntes und Anerkanntes erzähle, als ob es neu wäre; der Zusammenhang nötigt mich dazu.

Interessenkonflikte unter den Menschen werden also prinzipiell durch die Anwendung von Gewalt entschieden. So ist es im ganzen Tierreich, von dem der Mensch sich nicht ausschließen sollte; für den Menschen kommen allerdings noch Meinungskonflikte hinzu, die bis zu den höchsten Höhen der Abstraktion reichen und eine andere Technik der Entscheidung zu fordern scheinen. Aber das ist eine spätere Komplikation. Anfänglich, in einer kleinen Menschenhorde, entschied die stärkere Muskelkraft darüber, wem etwas gehören oder wessen Wille zur Ausführung gebracht werden sollte. Muskelkraft verstärkt und ersetzt sich bald durch den Gebrauch von Werkzeugen; es siegt, wer die besseren Waffen hat oder sie geschickter verwendet. Mit der Einführung der Waffe beginnt bereits die geistige Überlegenheit die Stelle der rohen Muskelkraft einzunehmen; die Endabsicht des Kampfes bleibt die nämliche, der eine Teil soll durch die Schädigung, die er erfährt, und durch die Lähmung seiner Kräfte gezwungen werden, seinen Anspruch oder Widerspruch aufzugeben. Dies wird am gründlichsten erreicht, wenn die Gewalt den Gegner dauernd beseitigt, also tötet. Es hat zwei Vorteile, dass er seine Gegnerschaft nicht ein andermal wiederaufnehmen kann und dass sein Schicksal andere abschreckt, seinem Beispiel zu folgen. Außerdem befriedigt die Tötung des Feindes eine triebhafte Neigung, die später erwähnt werden muss. Der Tötungsabsicht kann sich die Erwägung widersetzen, dass der Feind zu nützlichen Dienstleistungen verwendet werden kann, wenn man ihn eingeschüchtert am Leben lässt. Dann begnügt sich also die Gewalt damit, ihn zu unterwerfen, anstatt ihn zu töten. Es ist der Anfang der Schonung des Feindes, aber der Sieger hat von nun an mit der lauernden Rachsucht des Besiegten zu rechnen, gibt ein Stück seiner eigenen Sicherheit auf.

Das ist also der ursprüngliche Zustand, die Herrschaft der größeren Macht, der rohen oder intellektuell gestützten Gewalt. Wir wissen, dies Regime ist im Laufe der Entwicklung abgeändert worden, es führte ein Weg von der Gewalt zum Recht, aber welcher? Nur ein einziger, meine ich. Er führte über die Tatsache, dass die größere Stärke des einen wettgemacht werden konnte durch die Vereinigung mehrerer Schwacher. „L'union fait la force." Gewalt wird gebrochen durch Einigung, die Macht dieser Geeinigten stellt nun das Recht dar im Gegensatz zur Gewalt des Einzelnen. Wir sehen, das Recht ist die Macht einer Gemeinschaft. Es ist noch immer Gewalt, bereit, sich gegen jeden einzelnen zu wenden, der sich ihr widersetzt, arbeitet mit denselben Mitteln, verfolgt dieselben Zwecke; der Unterschied liegt wirklich nur darin, dass es nicht mehr die Gewalt eines Einzelnen ist, die sich durchsetzt, sondern die der Gemeinschaft. Aber damit sich dieser Übergang von der Gewalt zum neuen Recht vollziehe, muss eine psychologische Bedingung erfüllt werden. Die Einigung der Mehreren muss eine beständige, dauerhafte sein. Stellte sie sich nur zum Zweck der Bekämpfung des einen Übermächtigen her und zerfiele nach seiner Überwältigung, so wäre nichts erreicht. Der nächste, der sich für stärker hält, würde wiederum eine Gewaltherrschaft anstreben, und das Spiel würde sich endlos wiederholen. Die Gemeinschaft muss permanent erhalten werden, sich organisieren, Vorschriften schaffen, die den gefürchteten Auflehnungen vorbeugen, Organe bestimmen, die über die Einhaltung der Vorschriften – Gesetze – wachen und die Ausführung der rechtmäßigen Gewaltakte besorgen. In der Anerkennung einer solchen Interessengemeinschaft stellen sich unter den Mitgliedern einer geeinigten Menschengruppe Gefühlsbindungen her, Gemeinschaftsgefühle, in denen ihre eigentliche Stärke beruht. Damit, denke ich, ist alles Wesentliche bereits gegeben: die Überwindung der Gewalt durch Übertragung der Macht an eine größere Einheit, die durch Gefühlsbindungen ihrer Mitglieder zusammengehalten wird. Alles Weitere sind Ausführungen und Wiederholungen. Die Verhältnisse sind einfach, solange die Gemeinschaft nur aus einer Anzahl gleich starker Individuen besteht. Die Gesetze dieser Vereinigung bestimmen dann, auf welches Maß von persönlicher Freiheit, seine Kraft als Gewalt anzuwenden, der Einzelne verzichten muss, um ein gesichertes Zusammenleben zu ermöglichen. Aber ein solcher Ruhezustand ist nur theoretisch denkbar, in Wirklichkeit kompliziert sich der Sachverhalt dadurch, dass die Gemeinschaft von Anfang an ungleich mächtige Elemente umfasst, Männer und Frauen, Eltern und Kinder und bald infolge von Krieg und Unterwerfung Siegreiche und Besiegte, die sich in Herren und Sklaven umsetzen. Das Recht der Gemeinschaft wird dann zum Ausdruck der ungleichen Machtverhältnisse in ihrer Mitte, die Gesetze werden von und für die Herrschenden gemacht werden und den Unterworfenen wenig Rechte einräumen. Von da an gibt es in der Gemeinschaft zwei Quellen von Rechtsunruhe, aber auch von Rechtsfortbildung. Erstens die Versuche einzelner unter den Herren, sich über die für alle gültigen Einschränkungen zu erheben, also von der Rechtsherrschaft auf die Gewaltherrschaft zurückzugreifen, zweitens die ständigen Bestrebungen der Unterdrückten, sich mehr Macht zu verschaffen und diese Änderungen im Gesetz anerkannt zu sehen, also im Gegenteil vom ungleichen Recht zum gleichen Recht für alle vorzudringen. Diese letztere Strömung wird besonders bedeutsam werden, wenn sich im Inneren des Gemeinwesens wirklich Verschiebungen der Machtverhältnisse ergeben, wie es infolge mannigfacher historischer Momente geschehen kann. Das Recht kann sich dann allmählich den neuen Machtverhältnissen anpassen, oder, was häufiger geschieht, die herrschende Klasse ist nicht bereit, dieser Änderung Rechnung zu tragen, es kommt zu Auflehnung, Bürgerkrieg, also zur zeitweiligen Aufhebung des Rechts und zu neuen Gewaltproben, nach deren Ausgang eine neue Rechtsordnung eingesetzt wird. Es gibt noch eine andere Quelle der Rechtsänderung, die sich nur in friedlicher Weise äußert, das ist die kulturelle Wandlung der Mitglieder des Gemeinwesens, aber die gehört in einen Zusammenhang, der erst später berücksichtigt werden kann.

Wir sehen also, auch innerhalb eines Gemeinwesens ist die gewaltsame Erledigung von Interessenkonflikten nicht vermieden worden. Aber die Notwendigkeiten und Gemeinsamkeiten, die sich aus dem Zusammenleben auf demselben Boden ableiten, sind einer raschen Beendigung solcher Kämpfe günstig, und die Wahrscheinlichkeit friedlicher Lösungen unter diesen Bedingungen nimmt stetig zu. Ein Blick in die Menschheitsgeschichte zeigt uns aber eine unaufhörliche Reihe von Konflikten zwischen einem Gemeinwesen und einem oder mehreren anderen, zwischen größeren und kleineren Einheiten, Stadtgebieten, Landschaften, Stämmen, Völkern, Reichen, die fast immer durch die Kraftprobe des Krieges entschieden werden. Solche Kriege gehen entweder in Beraubung oder in volle Unterwerfung, Eroberung des einen Teils aus. Man kann die Eroberungskriege nicht einheitlich beurteilen. Manche, wie die der Mongolen und Türken, haben nur Unheil gebracht, andere im Gegenteil zur Umwandlung von Gewalt in Recht beigetragen, indem sie größere Einheiten herstellten, innerhalb deren nun die Möglichkeit der Gewaltanwendung aufgehört hatte und eine neue Rechtsordnung die Konflikte schlichtete. So haben die Eroberungen der Römer den Mittelmeerländern die kostbare pax romana gegeben. Die Vergrößerungslust der französischen Könige hat ein friedlich geeinigtes, blühendes Frankreich geschaffen. So paradox es klingt, man muss doch zugestehen, der Krieg wäre kein ungeeignetes Mittel zur Herstellung des ersehnten „ewigen" Friedens, weil er imstande ist, jene großen Einheiten zu schaffen, innerhalb deren eine starke Zentralgewalt weitere Kriege unmöglich macht. Aber er taugt doch nicht dazu, denn die Erfolge der Eroberung sind in der Regel nicht dauerhaft; die neu geschaffenen Einheiten zerfallen wieder, meist infolge des mangelnden Zusammenhalts der gewaltsam geeinigten Teile. Und außerdem konnte die Eroberung bisher nur partielle Einigungen, wenn auch von größerem Umfang, schaffen, deren Konflikte die gewaltsame Entscheidung erst recht herausforderten. So ergab sich als die Folge all dieser kriegerischen Anstrengungen nur, dass die Menschheit zahlreiche, ja unaufhörliche Kleinkriege gegen seltene, aber umso mehr verheerende Großkriege eintauschte.

Auf unsere Gegenwart angewendet, ergibt sich das gleiche Resultat, zu dem Sie auf kürzerem Weg gelangt sind. Eine sichere Verhütung der Kriege ist nur möglich, wenn sich die Menschen zur Einsetzung einer Zentralgewalt einigen, welcher der Richtspruch in allen Interessenkonflikten übertragen wird. Hier sind offenbar zwei Forderungen vereinigt, dass eine solche übergeordnete Instanz geschaffen und dass ihr die erforderliche Macht gegeben werde. Das eine allein würde nicht nützen. Nun ist der Völkerbund als solche Instanz gedacht, aber die andere Bedingung ist nicht erfüllt; der Völkerbund hat keine eigene Macht und kann sie nur bekommen, wenn die Mitglieder der neuen Einigung, die einzelnen Staaten, sie ihm abtreten. Dazu scheint aber derzeit wenig Aussicht vorhanden. Man stünde der Institution des Völkerbundes nun ganz ohne Verständnis gegenüber, wenn man nicht wüsste, dass hier ein Versuch vorliegt, der in der Geschichte der Menschheit nicht oft – vielleicht noch nie in diesem Maß – gewagt worden ist. Es ist der Versuch, die Autorität – d.i. den zwingenden Einfluss –, die sonst auf dem Besitz der Macht ruht, durch die Berufung auf bestimmte ideelle Einstellungen zu erwerben. Wir haben gehört, was eine Gemeinschaft zusammenhält, sind zwei Dinge: der Zwang der Gewalt und die Gefühlsbindungen – Identifizierungen heißt man sie technisch – der

Mitglieder. Fällt das eine Moment weg, so kann möglicherweise das andere die Gemeinschaft aufrechthalten. Jene Ideen haben natürlich nur dann eine Bedeutung, wenn sie wichtigen Gemeinsamkeiten der Mitglieder Ausdruck geben. Es fragt sich dann, wie stark sie sind. Die Geschichte lehrt, dass sie in der Tat ihre Wirkung geübt haben. Die panhellenische Idee z.B., das Bewusstsein, dass man etwas Besseres sei als die umwohnenden Barbaren, das in den Amphiktyonien, den Orakeln und Festspielen so kräftigen Ausdruck fand, war stark genug, um die Sitten der Kriegsführung unter Griechen zu mildern, aber selbstverständlich nicht imstande, kriegerische Streitigkeiten zwischen den Partikeln des Griechenvolkes zu verhüten, ja nicht einmal, um eine Stadt oder einen Städtebund abzuhalten, sich zum Schaden eines Rivalen mit dem Perserfeind zu verbünden. Ebenso wenig hat das christliche Gemeingefühl, das doch mächtig genug war, im Renaissancezeitalter christliche Klein- und Großstaaten daran gehindert, in ihren Kriegen miteinander um die Hilfe des Sultans zu werben. Auch in unserer Zeit gibt es keine Idee, der man eine solche einigende Autorität zumuten könnte. Dass die heute die Völker beherrschenden nationalen Ideale zu einer gegenteiligen Wirkung drängen, ist ja allzu deutlich. Es gibt Personen, die vorhersagen, erst das allgemeine Durchdringen der bolschewistischen Denkungsart werde den Kriegen ein Ende machen können, aber von solchem Ziel sind wir heute jedenfalls weit entfernt, und vielleicht wäre es nur nach schrecklichen Bürgerkriegen erreichbar. So scheint es also, dass der Versuch, reale Macht durch die Macht der Ideen zu ersetzen, heute noch zum Fehlschlagen verurteilt ist. Es ist ein Fehler in der Rechnung, wenn man nicht berücksichtigt, dass Recht ursprünglich rohe

Gewalt war und noch heute der Stützung durch die Gewalt nicht entbehren kann.

Ich kann nun daran gehen, einen anderen Ihrer Sätze zu glossieren. Sie verwundern sich darüber, dass es so leicht ist, die Menschen für den Krieg zu begeistern, und vermuten, dass etwas in ihnen wirksam ist, ein Trieb zum Hassen und Vernichten, der solcher Verhetzung entgegenkommt. Wiederum kann ich Ihnen nur uneingeschränkt beistimmen. Wir glauben an die Existenz eines solchen Triebes und haben uns gerade in den letzten Jahren bemüht, seine Äußerungen zu studieren. Darf ich Ihnen aus diesem Anlass ein Stück der Triebehre vortragen, zu der wir in der Psychoanalyse nach vielem Tasten und Schwanken gekommen sind? Wir nehmen an, dass die Triebe des Menschen nur von zweierlei Art sind, entweder solche, die erhalten und vereinigen wollen – wir heißen sie erotische, ganz im Sinne des Eros im Symposion Platos, oder sexuelle mit bewusster Überdehnung des populären Begriffs von Sexualität –, und andere, die zerstören und töten wollen; wir fassen diese als Aggressionstrieb oder Destruktionstrieb zusammen. Sie sehen, das ist eigentlich nur die theoretische Verklärung des weltbekannten Gegensatzes von Lieben und Hassen, der vielleicht zu der Polarität von Anziehung und Abstoßung eine Urbeziehung unterhält, die auf Ihrem Gebiet eine Rolle spielt. Nun lassen Sie uns nicht zu rasch mit den Wertungen von Gut und Böse einsetzen. Der eine dieser Triebe ist ebenso unerlässlich wie der andere, aus dem Zusammen- und Gegeneinanderwirken der beiden gehen die Erscheinungen des Lebens hervor. Nun scheint es, dass kaum jemals ein Trieb der einen Art sich isoliert betätigen kann, er ist immer mit einem gewissen Betrag von der anderen Seite verbunden, wie wir sagen: legiert, der sein Ziel modifiziert oder ihm unter Umständen dessen Erreichung erst möglich macht. So ist z.B. der Selbsterhaltungstrieb gewiss erotischer Natur, aber gerade er bedarf der Verfügung über die Aggression, wenn er seine Absicht durchsetzen soll. Ebenso benötigt der auf Objekte gerichtete Liebestrieb eines Zusatzes vom Bemächtigungstrieb, wenn er seines Objekts überhaupt habhaft werden soll. Die Schwierigkeit, die beiden Triebarten in ihren Äußerungen zu isolieren, hat uns ja so lange in ihrer Erkenntnis behindert.

Wenn Sie mit mir ein Stück weitergehen wollen, so hören Sie, dass die menschlichen Handlungen noch eine Komplikation von anderer Art erkennen lassen. Ganz selten ist die Handlung das Werk einer einzigen Triebregung, die an und für sich bereits aus Eros und Destruktion zusammengesetzt sein muss. In der Regel müssen mehrere in der gleichen Weise aufgebaute Motive zusammentreffen, um die Handlung zu ermöglichen. Einer Ihrer Fachgenossen hat das bereits gewusst, ein Prof. G. Ch. Lichtenberg, der zur Zeit unserer Klassiker in Göttingen Physik lehrte; aber vielleicht war er als Psycholog noch bedeutender denn als Physiker. Er erfand die Motivenrose, indem er sagte: „Die Bewegungsgründe, woraus man etwas tut, könnten so wie die 32 Winde geordnet und ihre Namen auf eine ähnliche Art formiert werden, z.B. Brot – Brot – Ruhm oder Ruhm – Ruhm – Brot.“ Wenn also die Menschen zum Krieg aufgefordert werden, so mögen eine ganze Anzahl von Motiven in ihnen zustimmend antworten, edle und gemeine, solche, von denen man laut spricht, und andere, die man beschweigt. Wir haben keinen Anlass, sie alle bloßzulegen. Die Lust an der Aggression und Destruktion ist gewiss darunter; ungezählte Grausamkeiten der Geschichte und des Alltags bekräftigen ihre Existenz und ihre Stärke. Die Verquickung dieser destruktiven Strebungen mit anderen, erotischen und ideellen, erleichtert natürlich deren Befriedigung. Manchmal haben wir, wenn wir von den Gräueltaten der Geschichte hören, den Eindruck, die ideellen Motive hätten den destruktiven Gelüsten nur als Vorwände gedient, andere Male, z.B. bei den Grausamkeiten der heiligen Inquisition, meinen wir, die ideellen Motive hätten sich im Bewusstsein vorgedrängt, die destruktiven ihnen eine unbewusste Verstärkung gebracht. Beides ist möglich.

Ich habe Bedenken, Ihr Interesse zu missbrauchen, das ja der Kriegsverhütung gilt, nicht unseren Theorien. Doch möchte ich noch einen Augenblick bei unserem Destruktionstrieb verweilen, dessen Beliebtheit keineswegs Schritt hält mit seiner Bedeutung. Mit etwas Aufwand von Spekulation sind wir nämlich zu der Auffassung gelangt, dass dieser Trieb innerhalb jedes lebenden Wesens arbeitet und dann das Bestreben hat, es zum Zerfall zu bringen, das Leben zum Zustand der unbelebten Materie zurückzuführen. Er verdiente in allem Ernst den Namen eines Todestriebes, während die erotischen Triebe die Bestrebungen zum Leben repräsentieren. Der Todestrieb wird zum Destruktionstrieb, indem er mit Hilfe besonderer Organe nach außen, gegen die Objekte, gewendet wird. Das Lebewesen bewahrt sozusagen sein eigenes Leben dadurch, dass es fremdes zerstört. Ein Anteil des Todestriebes verbleibt aber im Innern des Lebewesens tätig, und wir haben versucht, eine ganze Anzahl von normalen und pathologischen Phänomenen von dieser Verinnerlichung des Destruktionstriebes abzuleiten. Wir haben sogar die Ketzerei begangen, die Entstehung unseres Gewissens durch eine solche Wendung der

Aggression nach innen zu erklären. Sie merken, es ist gar nicht so unbedenklich, wenn sich dieser Vorgang in allzu großem Ausmaß vollzieht, es ist direkt ungesund, während die Wendung dieser Triebkräfte zur Destruktion in der Außenwelt das Lebewesen entlastet, wohltuend wirken muss. Das diene zur biologischen Entschuldigung all der hässlichen und gefährlichen Strebungen, gegen die wir ankämpfen. Man muss zugeben, sie sind der Natur näher als unser Widerstand dagegen, für den wir auch noch eine Erklärung finden müssen. Vielleicht haben Sie den Eindruck, unsere Theorien seien eine Art von Mythologie, nicht einmal eine erfreuliche in diesem Fall. Aber läuft nicht jede Naturwissenschaft auf eine solche Art von Mythologie hinaus? Geht es Ihnen heute in der Physik anders?

Aus dem Vorstehenden entnehmen wir für unsere nächsten Zwecke so viel, dass es keine Aussicht hat, die aggressiven Neigungen der Menschen abschaffen zu wollen. Es soll in glücklichen Gegenden der Erde, wo die Natur alles, was der Mensch braucht, überreichlich zur Verfügung stellt, Völkerstämme geben, deren Leben in Sanftmut verläuft, bei denen Zwang und Aggression unbekannt sind. Ich kann es kaum glauben, möchte gern mehr über diese Glücklichen erfahren. Auch die Bolschewisten hoffen, dass sie die menschliche Aggression zum Verschwinden bringen können dadurch, dass sie die Befriedigung der materiellen Bedürfnisse verbürgen und sonst Gleichheit unter den Teilnehmern an der Gemeinschaft herstellen. Ich halte das für eine Illusion. Vorläufig sind sie auf das Sorgfältigste bewaffnet und halten ihre Anhänger nicht zum Mindesten durch den Hass gegen alle Außenstehenden zusammen. Übrigens handelt es sich, wie Sie selbst bemerken, nicht darum, die menschliche Aggressionsneigung völlig zu beseitigen; man kann versuchen, sie so weit abzulenken, dass sie nicht ihren Ausdruck im Kriege finden muss.

Von unserer mythologischen Trieblehre her finden wir leicht eine Formel für die indirekten Wege zur Bekämpfung des Krieges. Wenn die Bereitwilligkeit zum Krieg ein Ausfluss des Destruktionstriebs ist, so liegt es nahe, gegen sie den Gegenspieler dieses Triebes, den Eros, anzurufen. Alles, was Gefühlsbindungen unter den Menschen herstellt, muss dem Krieg entgegenwirken. Diese Bindungen können von zweierlei Art sein. Erstens Beziehungen wie zu einem Liebesobjekt, wenn auch ohne sexuelle Ziele. Die Psychoanalyse braucht sich nicht zu schämen, wenn sie hier von Liebe spricht, denn die Religion sagt dasselbe: Liebe deinen Nächsten wie dich selbst. Das ist nun leicht gefordert, aber schwer zu erfüllen. Die andere Art von Gefühlsbindung ist die durch Identifizierung. Alles, was bedeutsame Gemeinsamkeiten unter den Menschen herstellt, ruft solche Gemeingefühle, Identifizierungen, hervor. Auf ihnen ruht zum guten Teil der Aufbau der menschlichen Gesellschaft. Einer Klage von Ihnen über den Missbrauch der Autorität entnehme ich einen zweiten Wink zur indirekten Bekämpfung der Kriegsneigung. Es ist ein Stück der angeborenen und nicht zu beseitigenden Ungleichheit der Menschen, dass sie in Führer und in Abhängige zerfallen. Die Letzteren sind die übergroße Mehrheit, sie bedürfen einer Autorität, welche für sie Entscheidungen fällt, denen sie sich meist bedingungslos unterwerfen. Hier wäre anzuknüpfen, man müsste mehr Sorge als bisher aufwenden, um eine Oberschicht selbstständig denkender, der Einschüchterung unzugänglicher, nach Wahrheit ringender Menschen zu erziehen, denen die Lenkung der unselbstständigen Massen zufallen würde. Dass die Übergriffe der Staatsgewalten und das Denkverbot der Kirche einer solchen Aufzucht nicht günstig sind, bedarf keines Beweises. Der ideale Zustand wäre natürlich eine Gemeinschaft von Menschen, die ihr Triebleben der Diktatur der Vernunft unterworfen haben. Nichts anderes könnte eine so vollkommene und widerstandsfähige Einigung der Menschen hervorrufen, selbst unter Verzicht auf die Gefühlsbindungen zwischen ihnen. Aber das ist höchst wahrscheinlich eine utopische Hoffnung. Die anderen Wege einer indirekten Verhinderung des Krieges sind gewiss eher gangbar, aber sie versprechen keinen raschen Erfolg. Ungern denkt man an Mühlen, die so langsam mahlen, dass man verhungern könnte, ehe man das Mehl bekommt.

Sie sehen, es kommt nicht viel dabei heraus, wenn man bei dringenden praktischen Aufgaben den weltfremden Theoretiker zu Rate zieht. Besser, man bemüht sich in jedem einzelnen Fall, der Gefahr zu begegnen mit den Mitteln, die eben zur Hand sind. Ich möchte aber noch eine Frage behandeln, die Sie in Ihrem Schreiben nicht aufwerfen und die mich besonders interessiert. Warum empören wir uns so sehr gegen den Krieg, Sie und ich und so viele andere, warum nehmen wir ihn nicht hin wie eine andere der vielen peinlichen Notlagen des Lebens? Er scheint doch naturgemäß, biologisch wohlbegründet, praktisch kaum vermeidbar. Entsetzen Sie sich nicht über meine Fragestellung. Zum Zweck einer Untersuchung darf man vielleicht die Maske einer Überlegenheit vornehmen, über die man in Wirklichkeit nicht verfügt. Die Antwort wird lauten, weil jeder Mensch ein Recht auf sein eigenes Leben hat, weil der Krieg hoffnungsvolle Menschenleben vernichtet, den einzelnen Menschen in Lagen bringt, die ihn entwürdigen, ihn zwingt, andere zu morden, was er nicht will, kostbare materielle Werte, Ergebnis von Menschenarbeit, zerstört und anderes mehr. Auch dass der Krieg in seiner gegenwärtigen Gestaltung keine Gelegenheit mehr gibt, das alte heldische Ideal zu erfüllen, und dass ein zukünftiger Krieg infolge der Vervollkommnung der Zerstörungsmittel die Ausrottung eines oder vielleicht beider Gegner bedeuten würde. Das ist alles wahr und scheint so unbestreitbar, dass man sich nur verwundert, wenn das Krieg-Führen noch nicht durch allgemeine menschliche Übereinkunft verworfen worden ist. Man kann zwar über einzelne dieser Punkte diskutieren. Es ist fraglich, ob die Gemeinschaft nicht auch ein Recht auf das Leben des Einzelnen haben soll; man kann nicht alle Arten von Krieg in gleichem Maß verdammen; solange es Reiche und Nationen gibt, die zur rücksichtslosen Vernichtung anderer bereit sind, müssen diese anderen zum Krieg gerüstet sein. Aber wir wollen über all das rasch hinweggehen, das ist nicht die Diskussion, zu der Sie mich aufgefordert haben. Ich ziele auf etwas anderes hin; ich glaube, der Hauptgrund, weshalb wir uns gegen den Krieg empören, ist, dass wir nicht anders können. Wir sind Pazifisten, weil wir es aus organischen Gründen sein müssen. Wir haben es dann leicht, unsere Einstellung durch Argumente zu rechtfertigen.

Das ist wohl ohne Erklärung nicht zu verstehen. Ich meine das Folgende: Seit unvordenklichen Zeiten zieht sich über die Menschheit der Prozess der Kulturentwicklung hin. (Ich weiß, andere heißen ihn lieber: Zivilisation.) Diesem Prozess verdanken wir das Beste, was wir geworden sind, und ein gut Teil von dem, woran wir leiden. Seine Anlässe und Anfänge sind dunkel, sein Ausgang ungewiss, einige seiner Charaktere leicht ersichtlich. Vielleicht führt er zum Erlöschen der Menschenart, denn er beeinträchtigt die Sexualfunktion in mehr als einer Weise, und schon heute vermehren sich unkultivierte Rassen und zurückgebliebene Schichten der Bevölkerung stärker als hochkultivierte. Vielleicht ist dieser Prozess mit der Domestikation gewisser Tierarten vergleichbar; ohne Zweifel bringt er körperliche Veränderungen mit sich; man hat sich noch nicht mit der Vorstellung vertraut gemacht, dass die Kulturentwicklung ein solcher organischer Prozess sei. Die mit dem Kulturprozess einher gehenden psychischen Veränderungen sind auffällig und unzweideutig. Sie bestehen in einer fortschreitenden Verschiebung der Triebziele und Einschränkung der Triebregungen. Sensationen, die unseren Vorahnen lustvoll waren, sind für uns indifferent oder selbst unleidlich geworden; es hat organische Begründungen, wenn unsere ethischen und ästhetischen Idealforderungen sich geändert haben. Von den psychologischen Charakteren der Kultur scheinen zwei die wichtigsten: die Erstarkung des Intellekts, der das Triebleben zu beherrschen beginnt, und die Verinnerlichung der Aggressionsneigung mit all ihren vorteilhaften und gefährlichen Folgen. Den psychischen Einstellungen, die uns der Kulturprozess aufnötigt, widerspricht nun der Krieg in der grellsten Weise, darum müssen wir uns gegen ihn empören, wir vertragen ihn einfach nicht mehr, es ist nicht bloß eine intellektuelle und affektive Ablehnung, es ist bei uns Pazifisten eine konstitutionelle Intoleranz, eine Idiosynkrasie gleichsam in äußerster Vergrößerung. Und zwar scheint es, dass die ästhetischen Erniedrigungen des Krieges nicht viel weniger Anteil an unserer Auflehnung haben als seine Grausamkeiten.

Wie lange müssen wir nun warten, bis auch die anderen Pazifisten werden? Es ist nicht zu sagen, aber vielleicht ist es keine utopische Hoffnung, dass der Einfluss dieser beiden Momente, der kulturellen Einstellung und der berechtigten Angst vor den Wirkungen eines Zukunftskrieges, dem Krieg-Führen in absehbarer Zeit ein Ende setzen wird. Auf welchen Wegen oder Umwegen, können wir nicht raten. Unterdes dürfen wir uns sagen: Alles, was die Kulturentwicklung fördert, arbeitet auch gegen den Krieg.

Ich grüße Sie herzlich und bitte Sie um Verzeihung, wenn meine Ausführungen Sie enttäuscht haben.

Ihr
Sigm. Freud